成都金沙遗址博物馆年鉴
Yearbook of Chengdu Jinsha Site Museum
2021

成都金沙遗址博物馆 ◎ 编

巴蜀书社

图书在版编目（CIP）数据

成都金沙遗址博物馆年鉴.2021 / 成都金沙遗址博物馆编. -- 成都：巴蜀书社，2022.12

ISBN 978-7-5531-1849-9

Ⅰ.①成… Ⅱ.①成… Ⅲ.①遗址博物馆—成都—2021—年鉴 Ⅳ.①G269.263-54

中国版本图书馆CIP数据核字（2022）第238478号

CHENGDU JINSHA YIZHI BOWUGUAN NIANJIAN · 2021

成都金沙遗址博物馆年鉴·2021

成都金沙遗址博物馆　编

责任编辑	王　莹　王欣怡
封面设计	四川胜翔
内文设计	四川胜翔数码印务设计有限公司
出　　版	巴蜀书社
	四川省成都市锦江区三色路238号新华之星A座36楼
	邮编：610023　总编室电话：（028）86361843
网　　址	www.bsbook.com
发　　行	巴蜀书社
	发行科电话：（028）86361852　86361847
经　　销	新华书店
印　　刷	成都市金雅迪彩色印刷有限公司
版　　次	2022年12月第1版
印　　次	2022年12月第1次印刷
成品尺寸	210mm×285mm
印　　张	13.25
字　　数	200千
书　　号	ISBN 978-7-5531-1849-9
定　　价	188.00元

本书若出现印装质量问题，请与工厂联系调换

《成都金沙遗址博物馆年鉴·2021》编辑委员会

主　任

朱章义

副主任

王　方　姚　菲　陈　文

主　编

朱章义

副主编

王　方

执行主编

郑漫丽　田湘萍

编　辑

田湘萍

编　委（以姓氏笔画为序）

王　庭　刘正维　刘　珂　何莉丽　余　欣　杨　希　吴　彬
郑漫丽　周　灿　姚　佳　郭　睿　秦　晴　黄玉洁　黄　华

撰　稿（以姓氏笔画为序）

田湘萍　史霄曜　刘　珂　肖　岚　陈煦春　卓　燕　郭　睿
郭　威　唐　傲　龚佳欣　黄咏函　雷雨晨

目录
contents

005　　工作概述
　　　　Overview of Work

015　　藏品管理与文物保护
　　　　Conservation and Collection Management

035　　学术研究
　　　　Academic Research

061　　陈列展览
　　　　Exhibitions

097　　宣传推广
　　　　Publicity and Promotion

111　　数字化建设
　　　　Digital Projects

119	文创产业	
	Cultural Creative Activities and Industries	

137	公众服务	
	Public Service	

161	基层党建	
	Party Building at Grassroots Level	

171	博物馆建设	
	Museum Construction	

189	人才管理与培养	
	Talent Management and Cultivation	

203	附　录	
	Appendix	

工作概述
OVERVIEW OF WORK

综述

  2021年，在上级党组织和各级主管部门的领导下，金沙遗址博物馆认真开展新冠肺炎疫情防控工作，坚持社会效益优先和"文旅融合"的发展思路，对标国内外高水平博物馆，依托独一无二的考古遗址现场和特色鲜明的文化内涵，在遗产保护、策展实践、文旅融合、传播展示及智慧金沙体系构建等方面走出了一条独具金沙特色的创新之路。

2021年恰逢金沙遗址发现20周年，在上级部门的领导和全体干部职工共同努力协作下，金沙遗址博物馆在积极开展好防疫工作的同时，较好地完成了各项工作任务。全年累计接待观众108万人次，其中免票观众64.9万人次；从2021年5月31日开始，恢复周末延时开放，延时服务观众1674人次。全年门票收入2607.91万元。

一、狠抓党建工作，筑牢组织根基

坚持以组织建设为统领，严格落实"三会一课"制度，组织固定党日活动12次，支委会12次，专题学习会6次，党员大会4次。按照党总支要求制定《2021年全面从严治党、党风廉政建设和反腐败工作要点》，组织学习正反面典型案例，提高党员拒腐防变能力，召开党风廉政建设相关学习活动3次。认真开展党史学习教育，理论联系实际，抓实抓严党建工作，及时召开主题教育动员部署会，传达落实中央、省、市党史学习教育动员大会精神和要求。组织党史专题学习9次，开展讲党课活动7次。组织党员职工前往郫都区战旗村、大邑建川博物馆开展党史学习教育实践活动。定期召开专题组织生活会，实现党总支委员之间、党总支委员和党员之间、党员与党员之间交心谈心。

二、推进博物馆专业化发展，不断提高文物管理和利用水平

增强科研活力，着力提升科学研究效能

承担课题（项目）研究12项，其中国家级课题（项目）5项，省部级课题4项，横向课题1项，自主课题2项，研究范围涵盖文物保护、藏品研究、展览策划、数字化建设等。编辑出版《成都金沙遗址博物馆年鉴·2019》《Jinsha Site Museum》《寻秘古蜀金沙》3部图书。全馆职工发表论文共25篇，其中6篇发表于《南方文物》《四川文物》《文物保护与考古科学》《中国博物馆》等中文核心期刊。

先后与敦煌研究院、上海市奉贤区博物馆、北京大学考古文博学院、山东大学历史文化学

院等机构签订战略合作框架协议，在学术研究、博物馆运营管理、文化遗产保护等方面开展深度合作。举办"中国考古百年系列活动之纪念金沙遗址发现20周年国际学术会议""四川省博物馆学会陈列展览专业委员会2021年年会暨'博物馆展览的多元化阐释'研讨会"，在搭建学术交流平台的同时，积极营造学术氛围，激发科研活力，促进学术研究。全年举办学术讲座7场，邀请到教育部长江学者霍巍、北京大学考古文博学院教授齐东方、香港中文大学文物馆副馆长许晓东等知名专家、学者开设讲座。

顺利完成2020年度国家考古遗址公园监测评估的数据填报工作，成功获批"2021年度四川省博士后创新实践基地"。博士后创新实践基地作为单位产学研相结合的重要基地，将进一步加大博士后、博士等高层次人才引进、培养和管理力度，增强博物馆科技创新能力和核心竞争力，促进产学研相结合。

加强文物保护和管理，筑牢文物安全底线

完成藏品盘点工作，推进藏品数字化、信息化和标准化工作。修订了《成都金沙遗址博物馆库房管理制度》《成都金沙遗址博物馆文物库房安全守则》《成都金沙遗址博物馆藏品征集办法》《成都金沙遗址博物馆藏品安全操作规范》《成都金沙遗址博物馆藏品管理控制程序》《成都金沙遗址博物馆藏品档案管理制度》等规章制度，确保了藏品管理工作的制度化、规范化、专业化、科学化。

编制完成《金沙遗址（祭祀区核心保护区）本体保护前期勘察研究方案》《金沙遗址祭祀区保护性设施提升评估报告》和《金沙遗址祭祀区保护性设施提升改造方案》，为土遗址保护和遗迹馆的提升改造做好前期准备。完成"成都金沙遗址博物馆馆藏文物预防性保护第二期项目"，对文物库房、展厅等馆藏文物的保存环境进行提升改造，进一步加强了文物的预防性保护。继续与高等院校、科研机构、文博单位展开深度合作，加强在象牙保护、玉石器成分检测、同位素分析等方面的研究。

创新文创产业，满足观众精神文化需求

春节期间，以"金沙遗址发现20周年"为主题，举办2021年春节惠民文化活动。通过将古蜀文明和喜马拉雅文化精品文物、主题灯会、特色花艺、文创展销等丰富多彩的内容相组合，有机串联文物、图片、灯艺、光雕、花艺等艺术表现形式，把古蜀文明与中国传统春节的喜庆祥和气氛相融合，重磅推出新春文化惠民活动，为广大市民带来了新春文化的新体验和新观感。活动期

间接待游客15.1万余人次，门票收入345.4万元，实现了社会效益和经济效益的双丰收。

通过研究消费者文化消费趋势和需求，结合古蜀金沙文化内涵，本年度新开发文创产品536款，销售总量达20万件，总销售额达1092.84万元，首次突破千万大关，相比2019年、2020年同期分别增长15.9%、127.8%。在支付宝"蚂蚁链粉丝粒"平台上推出金沙数字文创产品，创下50秒销售4万份、销售额达39.6万元的佳绩。"金沙星月"文创月饼屡获中央电视台及省市级媒体等的报道。持续推进知识产权的保护和利用，为提高博物馆IP知名度和形成具有影响力的文化创意品牌夯实基础。

三、丰富公共文化服务形式，激发博物馆创新活力

◎ 提升博物馆展陈质量，加强藏品价值的挖掘阐释

举办系列特色展览13个，包括"七宝玲珑——来自喜马拉雅的艺术珍品""回望长安——陕西唐代文物精华展""妙笔生花——考古绘图展""重生·绽放——金沙遗址发现20周年纪念展""金沙秘境——生态复原花艺展""发现金沙""文明的万花筒——叙利亚古代文物精品展"等系列特色展览。其中"七宝玲珑——来自喜马拉雅的艺术珍品"入选了国家文化和旅游部"2021年度内地与港澳文化和旅游交流重点项目"，是入选项目中唯一的博物馆展览项目；"回望长安——陕西唐代文物精华展"作为金沙"5+1"特色临展体系中的"区域文明"系列临展，在"中博热搜榜·十大热搜展览"中排名第三；"发现金沙"结合数字影片、复原展示等多元数字化展示手段，向公众展示了金沙遗址发现至今20余年的发掘、保护历程及考古研究成果，讲述了祭祀区背后的故事。

推动"古蜀文明走出去"，输出展览6个，包括"古蜀之光：三星堆·金沙遗址出土文物大展""长江万里青——长江流域青铜器精品展""山高水阔 长流天际——长江流域青铜文明特展""诗意金沙——古蜀文化主题诗歌作品展"等展览。其中，与四川广汉三星堆博物馆共同打造的古蜀文明巡展分别在上海奉贤区博物馆、浙江省博物馆展出，吸引了近30万观众，获得100余家媒体的报道，线上形式的宣传累计阅读/播放量超过300万，进一步提升了古蜀文明的知名度。

◎ 整合数字资源，深入推进智慧博物馆建设

优化升级"智慧金沙"综合信息管理平台和全流程讲解服务体系。全年以"智慧金沙"综

合信息管理平台优化提升为核心，以现有文物数字资源为基础，持续推进全国重点文物保护专项"古蜀文明数字化传播与服务项目"，整合优化系统功能，实现智慧金沙体系的统一管理及数据交互共享。完成成都市公共文化服务专项"金沙遗址博物馆国际品牌传播与智慧化公众服务项目"，升级建设覆盖观众"参观前—参观中—参观后"的全流程讲解服务体系。

参与"跟着屏保游中国"项目，以精品数字资源输出的形式向公众宣传金沙文化及"回望长安——陕西唐代文物精华展"。遗迹馆"考古时空门"作为2021成都新经济"双千"发布会产业功能区多维消费场景专场的代表性案例，成功落地宽窄巷子。持续做好展览数据采集与线上展示，完成博物馆线上精品导览系统，引进"e导览"定位讲解设备及管理系统，完善无接触讲解服务类型。配套建设官方网站专题展览页面4个，新增特展微信语音导览3个，360度全景导览4个，制作主题短视频4个，推出"如果长安是首诗"线上展，同步在官方网站及云观展平台展示。2021年，微信语音导览系统使用量共计12万人次，自助导览服务驿站使用人次共计2万人次，云观展平台访问量34万人次，多语种微服务平台访问量14万人次。同时，"智慧金沙"综合信息管理平台被遴选为《中国大百科全书·博物馆信息学卷》（暂定名）示范案例。

◎ 创新社教活动形式，不断提升公众服务水平

积极开展"蓉港携手·云游金沙""金沙云课堂""玩转金沙""金沙文化进校园""金沙双语小小讲解员"等社教课程和"丝路长歌·敦煌研学""古蜀寻踪""古蜀锦绣·丝路梦"天府蚕文化国际教育研学活动等实践活动共423场，被评为"川港澳台青少年交流基地——文化体验基地"。接待青少年免费参观团队61批次，约1.1万人次。创编《小金课堂》《志在金沙》《寻秘古蜀金沙》学习资料3类，持续为广大青少年儿童提供优质教育服务。《金沙宝藏》一书荣选为"2020年度四川省博物馆十佳文博科普读物"。

馆内现有志愿者共计62名（含非正式志愿者），分为讲解组、翻译组、服务组、视觉组、外宣组，累计志愿服务时长3709小时，取得了较好的社会效益。

◎ 不断丰富讲解服务，提升讲解接待能力

累计完成各类讲解接待任务9293批次，为游客提供公益讲解300余场。接待青少年免费参观团队61批次，约1.1万人次。在疫情常态化情况下，每周在官方微博、抖音等平台开展多场"云游金沙"直播。策划录制《金沙遗址考古发掘20周年——考古小知识》系列视频，抖音平台播放量近10万。"5·18"国际博物馆日，在喜马拉雅平台举办"博物馆奇妙之旅——金沙遗址

博物馆直播活动",在线观看人数近35万,广获好评。其中,"城市文化传播者——从金沙出发"讲解服务项目荣获"2021年度全国十佳文博社教案例"。

四、打造金沙宣传品牌,助力古蜀文明多元化传播

2021年媒体报道共计1800余篇(次)。其中,中央级媒体报道34篇(次)、外文报道29篇(次)(含境内境外媒体),比2020年同期增加约43%;省市级传统媒体报道172篇(次);网站报道500余篇(次),新媒体报道1082篇(次)。全年微博发布达1740条,阅读量6178.6万+,互动量12万+,发布原创视频100余条,微博粉丝比2020年增加约32%,微博年度主话题"金沙遗址发现20周年""发现太阳神鸟"阅读量分别超过2500万与1200万。利用自媒体账号共发布微信推文140条,总阅读量53万,"头条"平均阅读量1.2万/条。全年发布官方抖音视频64条,播放总量超过226万。开展网络直播50场,实现观看量750万。充分利用小红书、抖音等平台,全年定向组织历史科普类、亲子旅游类和时尚游玩类KOL博主共计56人,在馆方的辅导下开展内容创作,推出观众视角打卡视频和图文1000余篇,相关话题曝光量超过905万,点赞量约22万。同时,配合中央电视台拍摄《考古中国》《国家记忆》和世界文化遗产揭秘互动纪实节目《万里走单骑》等,扩大古蜀文化宣传影响。

2021年,金沙遗址博物馆官方微博4次上榜"全国文化政务微博影响力月榜TOP20";在人民网舆情数据中心与新浪微博官方联合发布的《政务微博影响力报告》中,被选为"全国十大博物馆微博"。此外,金沙遗址博物馆官方微博还被中国文物信息咨询中心和@微博文博评为"2021年度文博十大创新力官微",这是金沙遗址博物馆第三次荣获该奖项。

五、加强内部管理,提高博物馆管理效能

完善博物馆体制机制,夯实博物馆人才基础

继续深化事业单位改革,推进以理事会为主要形式的法人治理结构改革工作,于2021年12月16日召开了理事会成立大会暨第一届理事会第一次会议。严格贯彻落实"三重一大"等议事决策机制,召开馆务会议共18次,专题会议47次。公开招聘人才4人,完成9名专业技术人员、3名管理人员的岗位聘任和等级晋升。制定《成都金沙遗址博物馆岗位设置管理方案》,完成职

工社保薪级调整、年度职称申报、人才培养、三星级工会申报、统战工作汇报等。

◎ 常抓不懈，做好疫情常态化防控工作

全年组织召开疫情防控会议20余次，认真贯彻落实上级防疫工作要求，及时成立防控工作领导小组，强化防控责任意识。密切关注疫情发展动态，制定防疫措施，准备充足防疫物资。加大游客排查力度，优化票务预约系统，在省内文博系统率先实现了健康码、场所码和购票码三码合一，方便游客购票和验票进馆。加强对公共场所、设备设施、游览重点区域等无死角式消杀工作。建立员工健康监测、报告制度和离蓉审批制度。自8月起，实施全馆全员全覆盖核酸检测工作，每周对馆内所有人员进行抽检，抽检比例不低于全馆工作人员总数的20%，每月抽检比例达到100%，截至12月底，已完成核酸检测2219人次，结果均为阴性。扎实推进新冠疫苗接种工作，全馆新冠疫苗接种率达98%，新冠疫苗加强针接种率达63.74%。

◎ 夯实基础设施建设，积极营造文明城市创建氛围

为保证春节期间"惠民文化活动"的顺利开展，积极推动并完成照明系统节能提升、活态展示提升、木栈道及平台改造、低压电力服务保障、配电设备维修工程、喷灌管道改造，以及南门接待室、东门接待室、陈列馆一楼北侧卫生间的升级改造，完成博物馆园区银杏、桢楠、桫椤、珙桐、红枫等特色植物栽植，对园区草坪进行日常养护，进一步改善了公众服务品质，有效提升博物馆对外展示形象。

结合现有遗址生态文化环境，在园区适宜点位设置社会主义核心价值观和文明宣传标语的景观小品及文明提示牌，开设道德模范事迹专题展览，严格按照"2021年全国文明城市年度测评任务清单"中的测评内容及标准，深入开展文明城市创建各项工作。

◎ 加强安全保卫，筑牢安全防线

与驻地辖区街道办事处签订《二〇二一年度综治工作目标责任书》，与馆内各部门、公司继续签订《二〇二一年度安全责任书》。修订《2021年春节惠民文化活动安全保卫预案》《2021年春节惠民文化活动安全消防预案》等制度。完成外包保安公司的政府采购公开招标工作，完成新保安公司与前保安公司的工作移交、人员换防等工作。全年召开安全工作专题会议9次，组织馆内各部门职工和保卫人员参与消防培训5次、消防实战演练5次、防汛演练2次、防恐

处突演练2次，杜绝了文物被盗和火灾等事故的发生，确保了单位内部的平安。

强化内控管理，提升财务、资产管理水平

作为成都市财政局行政事业单位内控信息化试点单位，金沙遗址博物馆以内控信息化平台为基础，深入推进财务核算体系标准化建设工作，持续做好资产、账务审核、项目绩效、资产审计、税务外联工作管理。按照四川省财政厅及上级主管部门要求，做好年度预决算编制与执行工作，配合做好年度专项审计工作，做好资产登记、出入库、盘点、处置等资产规范化管理、物资库房管理等工作。

藏品管理与文物保护

CONSERVATION AND COLLECTION MANAGEMENT

综述

金沙遗址博物馆积极贯彻执行《中华人民共和国文物保护法》，切实做好文物保护管理工作，梳理和完善藏品管理的相关制度与规范，积极开展藏品工作人员的常态化业务培训，制定岗位要求，明确岗位职责。2021年，高标准完成了账、物核准工作，核定馆藏总数为2976件（套）。稳步推进文物保护项目的实施，做好不可移动文物和馆藏可移动文物的保护修复工作，不断提升文物保护和研究水平。还对科研楼库房进行了清洁、整理，为即将开展的金沙遗址出土文物清理工作做好准备。

一、藏品管理

◎ 藏品管理制度建设

为保证藏品管理各项工作更加合法、合规、合理、科学、有序地开展，结合实际工作需要，金沙遗址博物馆修订了《成都金沙遗址博物馆库房管理制度》《成都金沙遗址博物馆文物库房安全守则》《成都金沙遗址博物馆藏品征集办法》《成都金沙遗址博物馆藏品安全操作规范》《成都金沙遗址博物馆藏品管理控制程序》《成都金沙遗址博物馆藏品档案管理制度》；完善了《成都金沙遗址博物馆展厅及文物库房防汛工作预案》《成都金沙遗址博物馆接受社会捐赠管理办法》；制定了《成都金沙遗址博物馆藏品系统管理办法》，确保了藏品管理工作的制度化、规范化、专业化、科学化。组织藏品管理工作人员学习了藏品管理相关规章制度，举办了以《遗址博物馆藏品管理的实践与探索》为题的业务培训。

◎ 藏品日常管理

日常开展各项藏品管理工作，确保全年文物安全零事故。本年度金沙遗址博物馆坚持对土遗址、展厅文物、库房文物进行定期巡查、专项检查、不定期抽查工作，做好文字和影视频记录，填写巡查记录表。针对有潜在风险的地方，及时上报和处理，并做好记录。同时按照相关规定，在藏品借展前完成文物安全评估工作，守好藏品安全的"红线""底线"和"生命线"。

展厅巡查

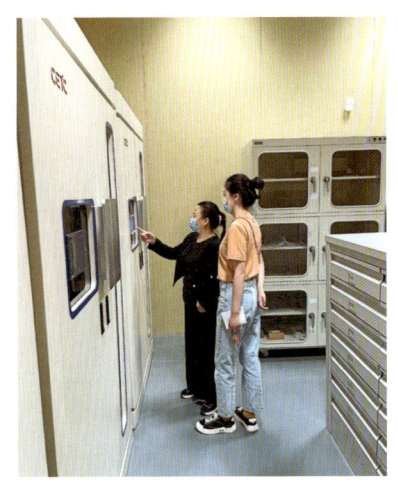
库房巡查

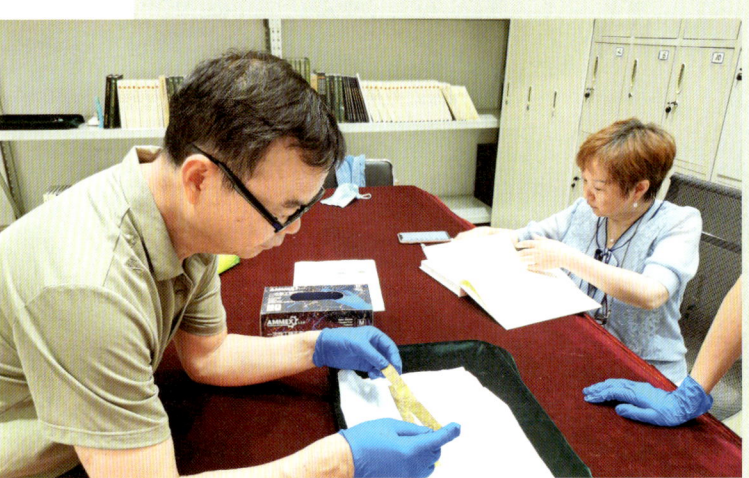
出展文物安全评估

完成2976件（套）可移动馆藏品基础信息的检查工作，及时更新藏品信息，完善藏品档案，做到账物相符，管理规范，查找方便。全年完成374件（套）二级藏品复核工作和740件（套）一、二级藏品纸质档案补充工作，整理一、二级藏品纸质档案资料近15万页，装帧藏品档案755盒，该藏品档案内容详尽，为陈列展览、科学研究提供了重要的科学依据。此外，规范完成了5批次藏品的提取工作。

◎ 藏品智慧化建设

为配合本馆"数字资源系统"建设，文保中心继续推进藏品数字化、信息化、标准化、智能化工作，继续对原有"藏品综合信息管理系统"进

出展文物点交

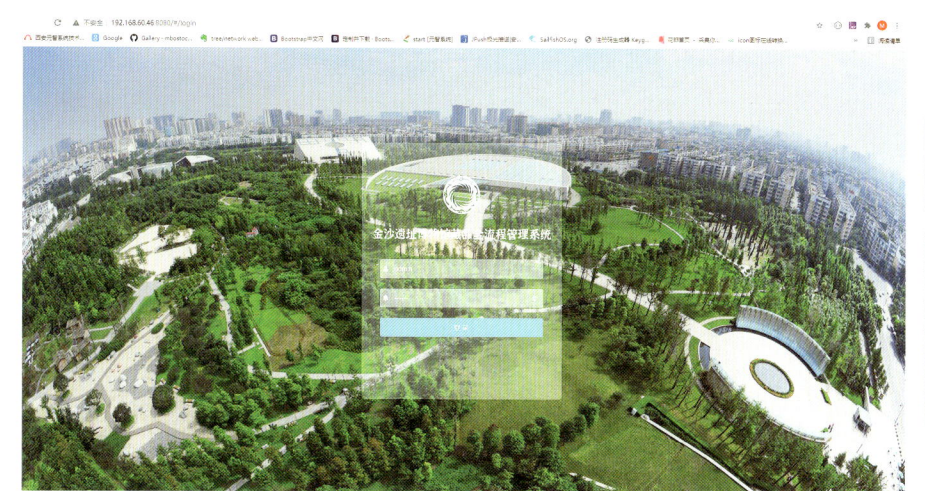 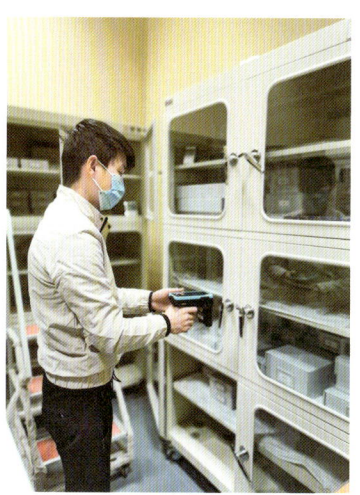

藏品全流程管理系统界面　　使用FRID标签读写器进行藏品盘点

行优化升级，与博物馆"数字资源系统"实现基础数据共享。研发"藏品全流程管理系统"，与"藏品综合信息管理系统"实现全数据共享，可高效地进行库房盘点、准确地进行藏品出入库、精准地进行藏品查询和统计工作，提高藏品管理工作的效率和藏品安全系数。

二、文物保护与修复

金沙遗址博物馆始终坚持"保护为主，抢救第一，合理利用，加强管理"的文物保护管理方针，不断加大文物保护力度，规范实施相关项目，将预防性保护、日常养护和局部修复相结合，有效提升文物保护管理水平。

1. 不可移动文物保护

2021年，金沙遗址博物馆不可移动文物保护工作主要包括金沙土遗址本体日常巡查和监测、土遗址专项保护、祭祀区核心保护区前期勘察和保护提升。在对金沙土遗址本体开展巡查和养护工作的同时，持续对遗址赋存环境进行监测。本年度编制完成了《金沙遗址（祭祀区核心保护区）本体保护前期勘察研究方案》，并经四川省文物局、成都市文化广电旅游局验收合格，今后将按计划逐步开展祭祀区土遗址本体的保护工作。"金沙遗址祭祀区保护提升"项目于2020年10月由国家文物局批准立项，2021年在成都市市级文物维修保护专项资金资助下完成了《金沙遗址祭祀区保护性设施提升评估报告》和《金沙遗址祭祀区保护性设施提升改造方案》的编写。方案对遗迹馆建筑现状、设施设备运行情况进行了评估，对保护性设施的提升改造提出建议，项目于2021年11月验收合格。"土遗址综合保护措施协同作用机制研究与示范"是"多场耦合下土遗址劣化过程与保护技术研究"国家级项目的子课题，该专项工作由敦煌研究院牵头，旨在研究湿度、温度、光照等多重物理因素叠加对土遗址的影响，项目选取金沙遗址作为潮湿环境下综合保护技术示范基地。截至2021年12月，已对示范基地进行了前期实地勘察，同时开展了对技术研究示范基地的现场测绘及土遗址土壤理化性质的取样分析，并开展了两次专题讨论会。

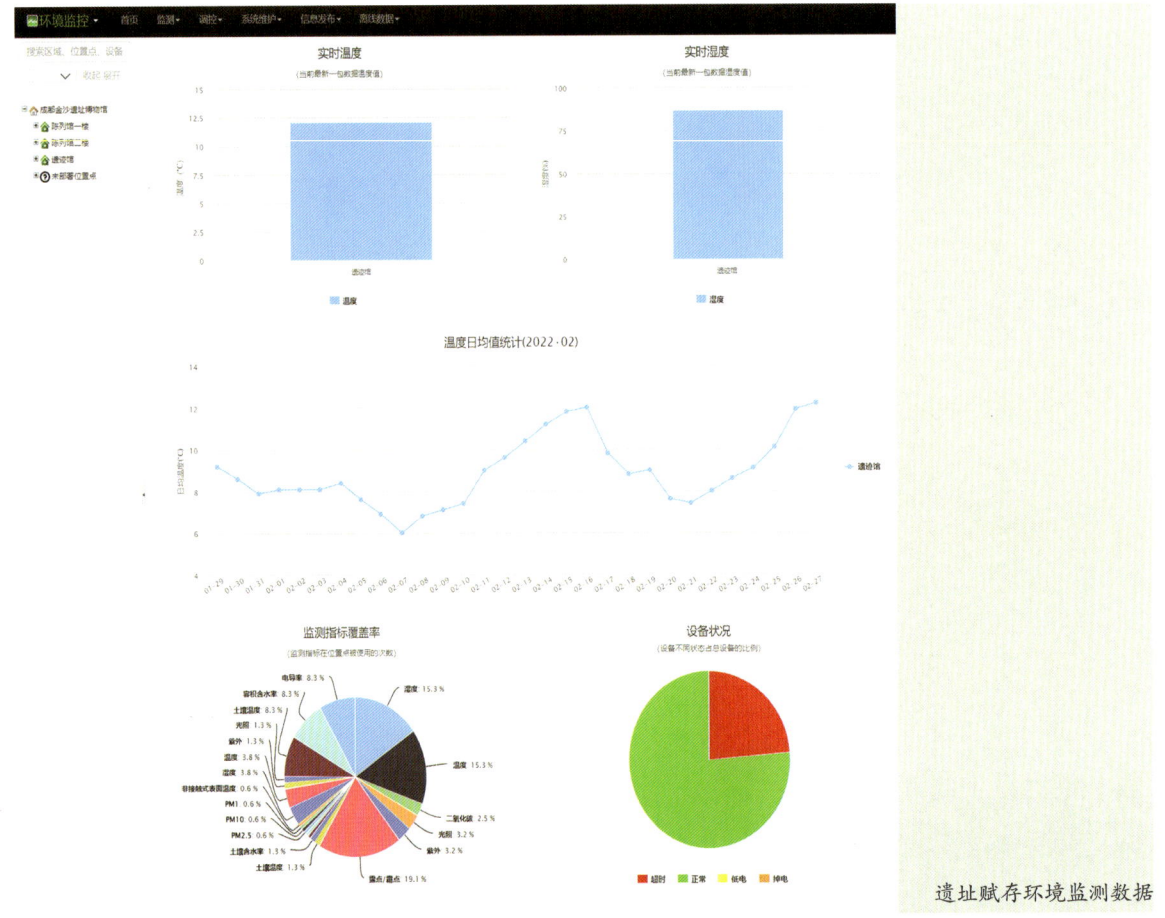

遗址赋存环境监测数据

专家验收会现场

土遗址专项保护工作现场检测

2. 可移动文物保护

◎ 馆藏青铜器保护修复

2021年,在国家文物保护专项资金的支持下,金沙遗址博物馆完成了馆藏30件(套)二、三级青铜器的保护修复工作。该工作采用除锈、矫形、补配、做旧及缓蚀封护等一系列保护措施,达到去除文物病害、提升文物整体强度的目的。在保护修复工作过程中,严格执行文物保护技术规范,不改变文物原状,确保文物的真实性、完整性,保存了文物所承载的历史文化、艺术与科学信息,满足文物保存、展示及研究的需要。

青铜器除锈

青铜器补配

青铜器修复前后对比

◎ 推进"成都金沙遗址博物馆馆藏玉石器保护修复"项目

2021年,该项目由金沙遗址博物馆与成都文物考古研究院合作进行实施,拟对馆藏15件(套)玉石器文物进行保护修复。截至2021年12月,已完成文物保存现状的全面调查,在对其价值进行全面评估的基础上,依据《中华人民共和国文物保护法》《中华人民共和国文物保护法实施条例》以及《馆藏石质文物保护修复方案编制规范》的要求,针对文物病害特征,通过科学检测分析,确定保护修复目标,采用安全合理的修复方式,编制完成《成都金沙遗址博物馆馆藏玉石器保护修复》方案。

◎ 馆藏珍贵文物日常保养

本年度为配合藏品外出展览,完成了95件(套)珍贵文物的日常保养,其中包括金器、铜器、玉器、石器、陶器等。保养工作主要是对文物表面进行了物理除尘,使其达到展览要求。

珍贵文物日常保养

◎ 乌木标本清洁养护

金沙遗址博物馆下沉式广场陈列了一具乌木标本,该展品为史前成都平原自然环境的重要展品,因常年裸露于室外展示,风吹日晒,存在表面风化严重、阳面生满青苔等问题。根据乌木的特点和苔藓的特性,金沙遗址博物馆制定了安全适宜的养护方案,步骤主要为:一是消除表面苔藓,消除苔藓孢子;二是清理乌木表面已经腐败的部分,使苔藓失去生长的土壤;三是对乌木进行防腐防霉熏蒸处理,减少苔藓再次生长的可能性。

表面清理

表面养护　　　　　防腐防霉熏蒸　　　　　乌木标本养护前　　　　　乌木标本养护后

◎ 出土象牙保护

金沙遗址博物馆一贯执行"预防性保护"的文物保护理念，对馆藏文物及其环境进行预防性保护。2021年，针对馆藏象牙的保护封存材料老化变色，采用先进、适用的技术手段对原保护封存材料实施保护修复，截至2021年12月，已完成对此类象牙的前期加固工作。

原硅胶剥离　　　　　象牙加固

 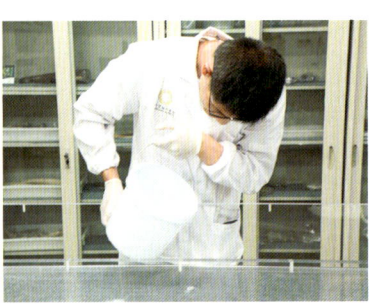

硅橡胶预抽真空　　　　　预灌底胶

5月，文物保护与修复中心派出相关专业技术人员协同成都文物考古研究院文物保护中心、荆州文物保护中心对三星堆四号祭祀坑出土象牙质文物进行现场清理和提取，主要负责对象牙的清理与分离、提取前临时加固和提取打包工作。此项工作的顺利开展，进一步提升了馆内文物保护技术人员清理及提取脆弱文物的能力，积累了考古现场文物保护的实践经验。

象牙清理与分离　　　　　　象牙提取前加固　　　　　　象牙提取打包

3. 开展预防性保护工作

◎ **文物存放环境监测**

持续开展展厅和文物库房的文物保存环境监测工作，并根据监测数据采取相应的环境调控措施。2021年，建立了馆藏文物保存环境监测管理机制，使监测系统能够持续、高效地发挥作用。

预防性保护监测平台

◎ **馆藏文物预防性保护**

按照文物预防性保护的要求，金沙遗址博物馆对陈列馆第三展厅展柜进行了升级改造，如提升展柜密封性能、优化展陈灯光、给展柜配置无水净化调湿机等，实现了文物保存环境的"洁净、稳定"目标。此外，还提升了文物库房的文物保存条件，为陶器库房配备了10组文物

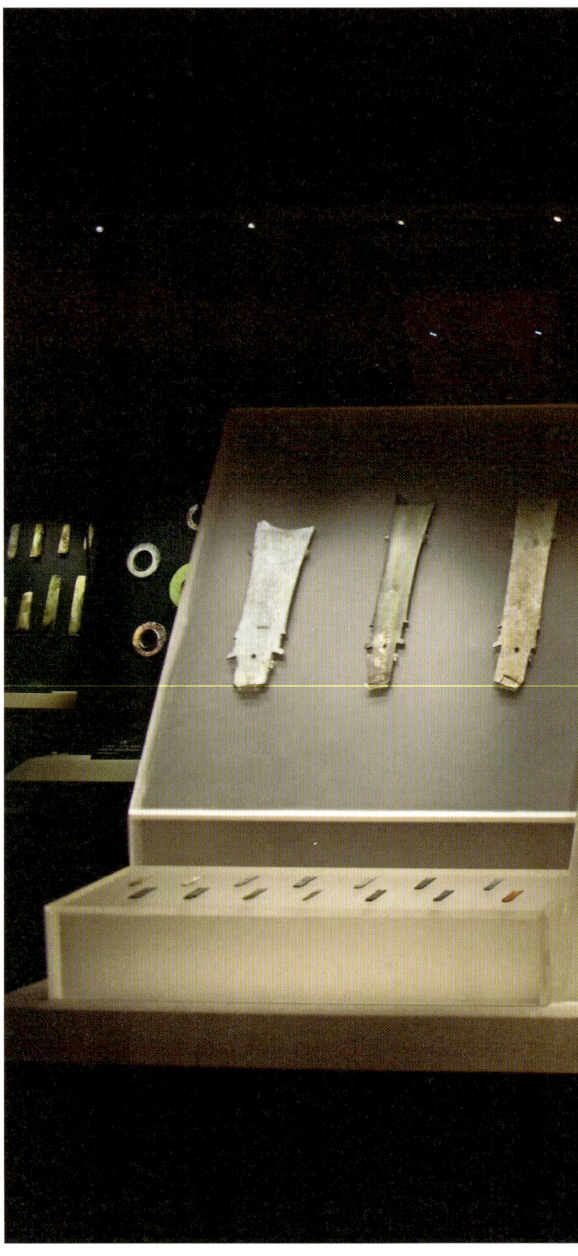

藏品管理与文物保护

改造后的陈列馆第三展厅

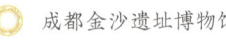

改造后的陈列馆第三展厅

改造后的陶器文物库房　　　　　　　　　　金属器库房恒温恒湿储藏柜

专用储藏柜，为金属器库房添置了4组恒温恒湿储藏柜，同时对文物库房墙面进行了防潮处理，并配备了除湿机，用以应对潮湿天气环境对文物保存的不利影响。针对遗迹馆紫外线含量过高的问题，对顶部采光玻璃棚进行改造，以确保土遗址内有机质文物的安全。以上工作的开展，在提高文物保存环境安全稳定性的同时，也改善了遗址及文物的展示效果，全面提升了博物馆文物预防性保护水平。

◎ 临时展厅环境监测与调控

继续做好临时展览的预防性保护工作，采用主动调控与被动调控相结合的方式，确保文物保存环境达标，重点完成了"七宝玲珑——来自喜马拉雅的艺术珍品""回望长安——陕西唐

监测终端布置　　　　　　　　　　展柜内调湿剂

代文物精华展""文明的万花筒——叙利亚古代文物精品展"3个重要临时展览文物保存环境的监测与调控。

4. 文物科技检测

◎ 金沙遗址祭祀区大气污染特征研究

联合西南交通大学对金沙遗址祭祀区核心保护区内外大气环境中的主要污染物PM2.5、CO、SO_2、NO_X、O_3及NH_3等进行观测分析,对PM2.5的主要化学成分进行了测定,对各类污染物及化学组分的室内外及季节演化特征进行了专项研究。

室内气体污染物采集

室外气体污染物采集

◎ 金沙遗址出土象牙等动物遗骸锶同位素分析

为研究古蜀国象牙等动物资源的来源及迁徙情况,促进博物馆、高等院校以及相关科研单位的合作,推进古蜀文明创新工程持续深入开展,2021年,金沙遗址博物馆与中国科学技术大学科技史与科技考古学系、中国科学院地质与地球物理研究所联合开展金沙遗址出土象牙等动物遗骸锶同位素分析研究。截至2021年12月,已完成对分析样品的现场采集。

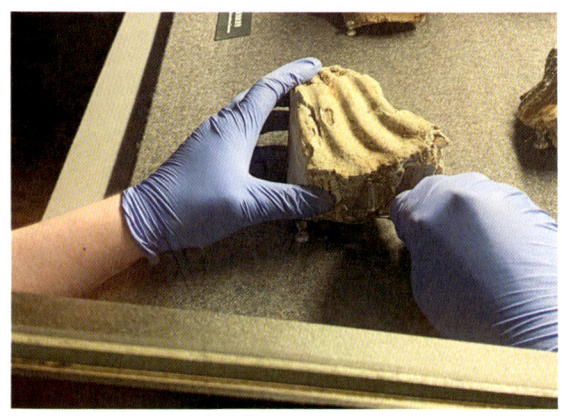

现场采集样品

5. 文物保护设备维护

借助监测系统对不可移动文物和馆藏可移动文物保存环境和保存状况进行监测，依据监测信息实时调整保护措施，可实现文物保护工作前置，是文物预防性保护的重要工作。为确保监测系统的正常运行，本年度金沙遗址博物馆持续开展馆藏文物预防性保护系统、金沙遗址祭祀区监测及预警系

监测终端校准

监测及预警系统设备提升改造

统的温湿度、紫外光照、有害气体、土壤含水率等监测终端的日常校准维护工作，保证数据全面、真实、有效。此外，对安装在展柜内的恒湿机以及库房内的恒温恒湿储藏柜进行检查，确保所有设备正常运行，为文物提供洁净、稳定的保存环境。

学术研究
ACADEMIC RESEARCH

综述

2021年，金沙遗址博物馆在上级党组织和各级主管部门的领导下，在本馆学术委员会的监督管理下，坚持文化遗产惠及于民的思路，积极对标国内外高水平考古遗址博物馆、国家一级博物馆以及相关世界文化遗产地，依托独一无二的考古遗址现场和特色鲜明的古蜀文化内涵，不断加强文物资料和考古成果的挖掘、整理、阐释工作，准确把握和运用文物合理利用的基本原则和方法，创新科研成果转化、强化研究平台建设、夯实人才基础，以实施重大项目为牵引，持续提升博物馆科研管理工作水平，不断提高文物科技创新能力，使文化遗产更好地融入人民生活、服务人民。

一、课题（项目）研究

2021年，金沙遗址博物馆依托各项业务工作，积极开展课题（项目）研究。全年开展重要课题或项目研究共12个，其中国家级课题（项目）5个，省部级课题4个，横向课题1个，自主课题（项目）2个。

◎ 金沙遗址博物馆馆藏文物预防性保护第二期

项目简介：文物预防性保护是通过有效的质量管理、监测、评估、调控干预，抑制各种环境因素对藏品的危害作用，努力使文物处于一个"稳定、洁净"的安全生存环境，尽可能阻止或延缓珍贵文物的物理和化学性质改变，乃至最终劣化，达到长久保存文物和档案的目的。该项目于2020年由国家文物局批复立项，主要工作内容包括展柜改造、调湿机配备；配置文物库房专用储藏柜和恒温恒湿储藏设备，对库房进行防潮处理；对遗迹馆顶棚玻璃涂抹隔热材料等。通过这些措施更好地控制展厅小环境和库房的温湿度，改善文物保存条件，降低遗迹馆紫外线强度和照度，提升博物馆预防性保护的能力。

编号/批准号：19-5-12-5100-121

起止日期：2020年至2021年

研究进展：该项目已实施完毕并经专家验收。项目成果包括顺利改造金沙遗址博物馆三展厅展柜30个，配备调湿机32台，完成文物库房墙面防潮处理，配备恒温恒湿储藏设备4台以及多功能文物储藏柜11组，完成遗迹馆玻璃顶棚隔热改造提升。

◎ 金沙遗址博物馆馆藏青铜器保护修复

项目简介：该项目的实施对象为金沙遗址博物馆馆藏青铜器中需要进行及时保护修复处理的青铜器，数量为30件。项目内容主要包括利用科技手段对该批青铜器开展分析检测、病害评估，并根据分析结果进行相应的保护修复工作，包括除锈、有害锈处理、必要的矫形、裂隙加固、补配、做旧及缓蚀封护等，改善文物健康状况，以确保其保存、展览过程中的安全。

编号/批准号：20-5-13-5100-024

起止日期：2021年至2022年

研究进展：目前已完成全部30件青铜器的分析检测工作，并针对每件文物不同病害及破损情况制定了保护修复方案，建立保护修复档案。已完成对其中15件的除锈、矫形、补配及做旧工作。

◎ 博物馆展陈中考古文物信息的解读与重构研究

课题简介：考古文物是我国历史类博物馆的核心展品，在其主要社会职能中扮演了举足轻重的角色。本课题旨在通过文献研究、多地考察、专家访谈、行为跟踪等方法，考察展览传播目标与观众信息接收效果的差异及其原因，研究观众博物馆参观的个性化需求与认知习惯，探究考古文物阐释的有效创新路径，以此构建跨学科阐释模式、完善和发展学科体系、提升公众传播效果，从而使考古文物发挥最大的社会价值。

编号/批准号：18CKG022

起止日期：2018年至2022年

研究进展：2021年，课题组选取国内多地具有代表性的考古类基本陈列及临时展览，对包括山西青铜博物馆"吉金光华"基本陈列、河南博物院"泱泱华夏择中建都"基本陈列、江西省博物馆"物华天宝、人杰地灵——江西古代文明陈列展"、山西考古博物馆"燕姬的嫁妆——垣曲北白鹅考古揭示的周代女性生活"等展览进行了实地考察。根据考察结果分别撰写了针对性的调研报告，课题将于2022年结项，结题成果将以学术专著形式出版。

◎ 金沙遗址祭祀区保护提升

项目简介：该项目于2020年10月由国家文物局批准立项。通过进一步评估金沙遗址保存现状和保护利用设施运行情况，分析金沙遗址展示和管理运营需要，提出针对性的保护提升方案，并借助必要的设施设备升级来提升遗址的保护和展示水平。

编号/批准号：文物保函〔2020〕980号

起止日期：2020年至2023年

研究进展：2021年完成金沙遗址祭祀区监测及预警系统提升改造，形成《金沙遗址祭祀区保护性设施提升评估报告》和《金沙遗址祭祀区保护性设施提升改造方案》。

◎ 多场耦合下土遗址劣化过程及保护技术研究

课题简介：该项目于2020年10月立项，是科技部"十三五"国家重点研发计划"重大自然灾害监测预警与防范"文化遗产保护利用专题任务中的一个项目。项目牵头单位为敦煌研究院，项目设五个课题，分别由兰州大学、敦煌研究院、机械工业仪器仪表综合技术经济研究所、西北大学4家单位承担，西安交通大学、中国科学院空天信息创新研究院、南京理工大学、北京大学、甘肃莫高窟文化遗产保护设计咨询有限公司5家单位参与。金沙遗址博物馆作为该项目"潮湿环境下综合保护技术示范基地"于2021年参与到该项目研究中。该项目围绕土遗址保护重大需求，研究病害区域特征与赋存环境关系、多场耦合下土遗址劣化机制、静动荷载作用下结构失稳机制等重大科学问题；开发区域典型病害与环境影响因子数据库，研发适合不同环境防风化与结构性控制技术及装备，优化管理、预防、干预、利用等协同作用机制，形成综合保护体系，同时实现病害发育的时空预测、防治技术的综合提升、专用装备的可靠适用和保护效果的量化评估，全面提升我国土遗址保护整体水平。

编号/批准号：2020YFC1522200

起止日期：2020年至2023年

研究进展：已完成对项目各示范基地的前期实地勘察，同时开展了对技术研究示范基地的现场测绘及土遗址土壤理化性质的取样分析，并开展了2次专题讨论。

◎ 遗址博物馆藏品信息体系建设

课题简介：该课题研究的主要目标是实现考古遗址博物馆藏品对象的多元化发展，构建藏品信息体系，进而推动博物馆藏品体系化、规范化、科学化、数字化管理。项目内容包括考古遗址博物馆及藏品界定，藏品种类及未来发展趋势研究，藏品信息体系框架结构建设及其对藏品保护、研究和利用等业务工作的重大意义。在理论基础上对以往考古遗址博物馆藏品信息相关问题进行重新梳理，从实践出发，打破遗址及其出土文物本身的时空二维禁锢，为考古遗址博物馆藏品工作提供理论和经验参照，打开博物馆藏品征集、展览、研究、宣教、文创工作的视野。

编号/批准号：SCWW2021B06

起止日期：2021年至2022年

研究进展：通过前期研究成果梳理，发现大多遗址博物馆藏品信息化研究的关注点集中在可移动藏品的构成、信息化管理，而不是整个遗址本体及其出土文物，藏品概念需要进一步拓展。

◎ 基于"金沙迷你博物馆"项目探索博物馆教育新途径

课题简介：该课题以金沙遗址博物馆已实施的"金沙迷你博物馆"为研究对象，针对6岁至12岁在校学生，梳理青少年利用博物馆资源开展校内教育活动的实践经验，并深入剖析中小学校在博物馆资源深入校园之后，对博物馆资源的利用情况，进而掌握学生群体对博物馆资源的使用和认知程度，从而为博物馆及各中小学充分利用博物馆资源开展中小学教育教学工作提供基础研究资料。

编号/批准号：SCWW2021B02

起止日期：2021年至2022年

研究进展：自2021年8月立项以来，课题组运用文献分析法、实地调查法、归纳演绎法和跨学科研究法等多种研究方法及手段，已形成较为成熟的研究框架和研究路径，完成了4次博物馆课程、约160名学生的课前课后调查，为后续课题研究工作的正式启动提供了基础数据。

◎ 川渝地区先秦蝉饰文物解析

课题简介：先秦时期川渝地区蝉饰文物有蝉纹和蝉雕两种，以蝉纹居多，分具象和抽象两大类，从中原商周文明而来，又有自身独特的发展体系。其时代跨度长，从商延续至战国，载体从祭祀礼器到实用兵器或生活用器，大体可分为三期，分布范围由成都平原腹心地带到四川盆地周边，甚至入楚入滇，这是古蜀文化内部传承与对外文化交流的结果。作为古蜀宗教信仰体系的一个组成部分，蝉很有可能正好契合古蜀先民的生活体验和美好愿望，是他们太阳崇拜、洁净、飞升、生育、重生等美好情感的物化表现。商周时期，古蜀先民将其高级化、神圣化，荐之于神坛之上发挥着沟通天地神灵的祭祀之功。东周以降，蝉纹较为固定地装饰在矛、戈、剑等兵器上，可能也寄予了蝉纹的美好愿景。

编号/批准号：BSYB21-03

起止日期：2021年至2022年

研究进展：已完成前期资料整理，并确定了该课题研究重点、难点、研究方法和研究内容。在巴蜀考古学背景基本廓清的前提下，以考古类型学为研究方法，探讨蝉饰文物的形制、时空维度以及蝉崇拜在古蜀文化的地位。

◎ 金沙遗址酥碱机制初步研究

课题简介：该项目于2021年8月获四川省文物博物馆领域科研课题立项资助。项目针对金沙遗址土遗址本体的水理性质进行分析研究，了解土遗址本体内部的毛细水蒸发、水盐运移、干湿循环交替等内容，从而对土遗址本体掏蚀等由于水作用而引起的一系列病害成因进行分析。

编号/批准号：SCWW2021B04

起止日期：2021年至2023年

研究进展：在现场勘查测绘方面，已选取试验区域并定期对其进行拍摄测量。在室内实验方面，基本完成了对土壤样品的含水率、颗粒组成、渗透系数等理化性质的分析检测。

◎ 中国西南地区冶金考古研究

课题简介：该课题由成都金沙遗址博物馆与日本爱媛大学东亚古代铁文化研究中心、成都文物考古研究院、成都博物馆、四川大学历史文化学院联合开展。西南地区包括川、渝、藏、滇、黔、桂，两百多万平方公里的土地上蕴藏着丰富的金属矿产资源。西南地区的古代先民早在商周时期就已开发和利用铜、铁等金属资源，对冶金考古的探索是研究我国古代社会发展的重要途径。课题组立足于西南地区发现的冶金遗址及出土文物，对采集标本进行技术分析和成分测定，并结合南亚、欧亚大陆冶金考古研究成果，进一步研究西南地区冶金技术的传播与交流。

编号/批准号：2016-8

起止日期：2016年至2021年

研究进展：该项目已顺利结项。课题组在中日考古信息交流体系的建设基础上，集中解决了中国西南冶金技术的源流与传播问题。课题研究发现，西南地区冶金中的块炼铁技术应该源自北方，但也存在通过海上丝绸之路由东南亚或南亚传来的可能性。

◎ 金沙遗址出土玉石器研究

课题简介：该课题于2014年立项，由金沙遗址博物馆与山东大学文化遗产研究院邓聪教授（原香港中文大学中国考古艺术研究中心主任）合作进行。课题以金沙遗址发掘出土的玉石器为研究对象，选取玉璋、玉璧、玉琮、石璧等金沙遗址博物馆馆藏玉石器精品进行微痕研究，并对比国内外其他地区出土玉石器，探索金沙玉石器工艺的来源和特色。

编号/批准号：2014-5

起止日期：2014年至2024年

研究进展：课题组针对金沙遗址祭祀区发现的数十件玉石琮，以玉琮制作工艺为研究核心，结合石器研究理论和实验考古方法，以广域的学术研究视野对全国历年出土及国内外文博机构收藏的玉琮展开深入研究，取得阶段性研究成果，计划于2023年底前编写完成《金沙玉工Ⅱ——金沙遗址出土玉石琮研究》学术专著并公开出版。

◎ 东华门遗址展陈研究

项目简介：2020年7月，金沙遗址博物馆通过投标，成为成都市文物信息中心"东华门遗址展陈研究采购项目"的服务供应商，金沙遗址博物馆随即组织专业团队开展项目研究。项目拟通过对《东华门遗址保护展示利用方案》规划设计的展陈空间进行展示评估，来完成东华门遗址展示思路研究、展示规划设计和公共服务空间规划，并提出遗址展示的合理化建议。

编号/批准号：2020-1

起止日期：2020年至2021年

研究进展：该项目已于2021年5月顺利结项，研究形成了《东华门遗址展陈研究报告》，该报告对东华门遗址发掘现状和展示利用方案设计进行了深入分析和评估，并充分研究借鉴了国内外考古遗址公园案例，提出具有针对性和指导性的遗址展示思路和初步方案。

2021年金沙遗址博物馆课题（项目）统计表

序号	项目/课题名称	类别	合同编号/审批号	负责人	起止时间
1	金沙遗址博物馆馆藏文物预防性保护第二期	国家级	19-5-12-5100-121	王方	2020年至2021年
2	金沙遗址博物馆馆藏青铜器保护修复	国家级	20-5-13-5100-024	王方	2021年至2022年
3	博物馆展陈中考古文物信息的解读与重构研究	国家级	18CKG022	李林	2018年至2022年
4	金沙遗址祭祀区保护提升	国家级	文物保函〔2020〕980号	王方	2020年至2023年
5	多场耦合下土遗址劣化过程及保护技术研究	国家级	2020YFC1522200	郭青林	2020年至2023年
6	遗址博物馆藏品信息体系建设	省部级	SCWW2021B06	明文秀	2021年至2022年
7	基于"金沙迷你博物馆"项目探索博物馆教育新途径	省部级	SCWW2021B02	郑漫丽	2021年至2022年
8	川渝地区先秦蝉饰文物解析	省部级	BSYB21-03	明文秀	2021年至2022年

续表

序号	项目/课题名称	类别	合同编号/审批号	负责人	起止时间
9	金沙遗址酥碱机制初步研究	省部级	SCWW2021B04	姚雪	2021年至2023年
10	中国西南地区冶金考古研究	横向	2016-8	王毅	2016年至2021年
11	金沙遗址出土玉石器研究	自主	2014-5	朱章义	2014年至2024年
12	东华门遗址展陈研究	自主	2020-1	朱章义	2020年至2021年

二、学术交流

◎ 举办学术会议

9月26日至29日，为贯彻落实习近平总书记"9·28"重要讲话精神，努力建设具有中国特色、中国风格、中国气派的考古学，致敬中国考古百年征程，不断弘扬古蜀文化，纪念金沙遗址发现20周年，由中国考古学会、中国文物报社主办，成都金

"中国考古百年系列活动之纪念金沙遗址发现20周年国际学术会议"开幕式

沙遗址博物馆、成都文物考古研究院承办的"中国考古百年系列活动之纪念金沙遗址发现20周年国际学术会议"在成都举办。来自中国文物报社、中国社会科学院考古研究所、湖北省文物考古研究所、浙江省文物考古研究所、广东省文物考古研究所、云南省文物考古研究所、重庆市文物考古研究院、贵州省文物考古研究所、四川省文物考古研究院、湖北省博物馆、盘龙城遗址博物院、四川广汉三星堆博物馆、湖北省文物交流信息中心、北京大学、武汉大学、湖南大学、上海大学、南方科技大学、四川大学等文博机构和高校的专家学者近百人参加会议。本次大会采取了线上线下相结合的形式，共有18位专家学者在现场作了精彩的报告，另外有6位专家通过视频连线、提交报告等方式发表了演讲。与会专家围绕金沙遗址考古发掘研究回顾与展

会议现场

望、古蜀文明考古发现与研究、区域文明考古发现与研究、早期文明信仰与交流、世界文化遗产保护与研究等主题进行了深入研讨。与会代表还实地考察了三星堆遗址发掘现场并参观了出土文物。

此次大会得到四川省文化和旅游厅、四川省文物局、中共成都市委宣传部、成都市文化广电旅游局的悉心指导，以及四川省考古学会、四川大学考古文博学院、四川省文物考古研究院、四川广汉三星堆博物馆的大力支持，会议取得圆满成功。成都日报对本次会议进行了全程直播，共有24家媒体进行了采访报道，分别推出了新闻快讯、专题页面、专家采访等报道60多篇，中国文物报、成都日报、成都商报均以整版或者半版方式发布了专题报道。

12月13日至15日，由中国博物馆协会陈列艺术委员会、四川省文物局、四川省博物馆学会指导，四川省博物馆学会陈列展览专业委员会、绵阳市文物局、成都金沙遗址博物馆联合主办，绵阳市博物馆承办的"四川省博物馆学会陈列展览专业委员会2021年年会暨'博物馆展览的多元化阐释'研讨会"在绵阳召开。来自北京、上海、陕西等省市的专家学者以及专委会的66家会员单位代表共90余人参加了本次会议。与会专家围绕"博物馆展览的多元化阐释"主题，从展览策划与实施、陈列展览的创新与实践、展陈的多元表达与传播三个方面，结合具体案例，从策展理念、形式设计、文物布展、文物预防性保护、数字化展示等多个维度对展览实施的全过程进行了分享，为未来博物馆陈列展览工作的开展提供了有益指导。

"四川省博物馆学会陈列展览专业委员会2021年年会暨'博物馆展览的多元化阐释'研讨会"开幕式

参会代表合影

本次年会暨研讨会的召开,为四川省内各博物馆提供了一个交流分享、互通有无的良好契机。今后,专委会仍将继续发挥全省博物馆展览交流平台的重要作用,加强各会员单位间的交流与合作,努力提升四川省博物馆陈列展览质量和公众服务水平,助力构建省内博物馆陈列展览的新格局。

2021年金沙遗址博物馆举办学术会议统计表

序号	时间	地点	会议名称	主办/承办方
1	2021年9月26日至29日	四川成都	中国考古百年系列活动之纪念金沙遗址发现20周年国际学术会议	中国考古学会、中国文物报社、成都金沙遗址博物馆、成都文物考古研究院
2	2021年12月13日至15日	四川绵阳	四川省博物馆学会陈列展览专业委员会2021年年会暨"博物馆展览的多元化阐释"研讨会	四川省博物馆学会陈列展览专业委员会、绵阳市文物局、成都金沙遗址博物馆、绵阳市博物馆

◎ 举办学术讲座

3月19日,举办《"七宝玲珑"中的神圣与世俗》线上讲座,由香港中文大学文物馆副馆长许晓东主讲,作为"七宝玲珑——来自喜马拉雅的艺术珍品"特展系列讲座之一。许馆长结合考古出土、传世文物、文献记载、老照片和展品,为观众介绍了喜马拉雅地区独特而引人注目的装饰艺术,探讨了喜马拉雅地区神圣与世俗完美交融的饰品文化,揭示了当地与周边地区源远流长的交流与沟通。

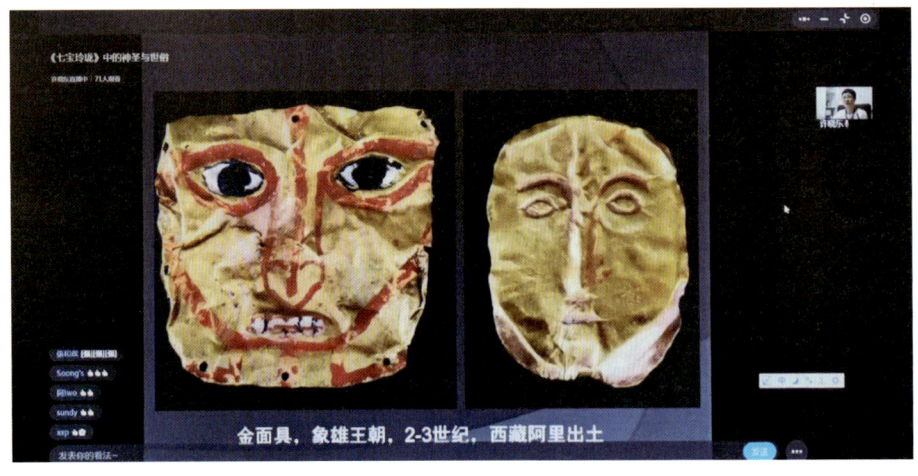

《"七宝玲珑"中的神圣与世俗》线上讲座

4月10日，举办《锦衣华裳：考古图像中的吐蕃服饰》线上讲座，邀请到四川大学杰出教授、教育部长江学者特聘教授、四川大学博物馆馆长及考古文博学院院长霍巍先生主讲。在中国古代美术史上，吐蕃时代的衣冠服饰图像资料十分缺乏，近年来，吐蕃考古不断取得新成果，为这一主题提供了大量丰富、生动的实物资料。霍老师结合文献记载和考古资料，对吐蕃时代的衣冠制度、珠宝装饰及各民族之间的交流互动等问题进行了介绍。

《锦衣华裳：考古图像中的吐蕃服饰》线上讲座

4月17日，举办《"金器"之美：材料与工艺》线上讲座，由陕西省首批"三秦学者"特聘专家、西北工业大学教授、博士生导师杨军昌先生主讲。黄金因珍贵稀少、色泽亮丽且易于加工，在古代社会的政治、经济、文化、

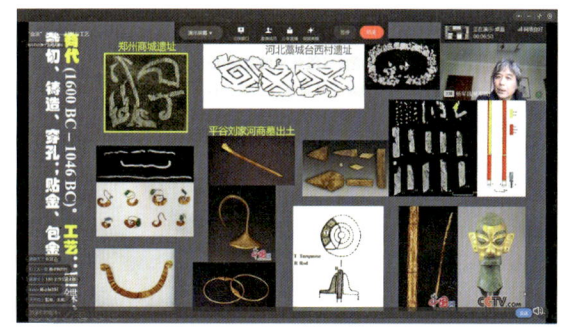

《"金器"之美：材料与工艺》线上讲座

军事等方面均发挥了重要作用。千百年来，古代先民对黄金资源不断探索追求，对材料性能不断加深认识，对金器制作工艺不断实践创新，创造出了许多世界闻名的文物珍品。杨军昌老师结合考古资料及实验研究，向观众阐释了黄金材料的性能与金器的制作工艺。

4月25日，联合四川文化艺术学院在馆内举办了《"再读·成都"之走进金沙，探索古蜀文化》讲座，主讲人为馆长朱章义。朱馆长详细介绍了金沙遗址发现、发掘过程和已有的研究概况，从古蜀文明角度解密成都的基因密码和人文魅力。

《"再读·成都"之走进金沙，探索古蜀文化》讲座

《王权世界新象万千——牛河梁中心大墓初探》讲座

《隋唐长安的衣食住行》讲座

《唐都长安及唐朝文明的世界性》线上讲座

5月14日，举办《王权世界新象万千——牛河梁中心大墓初探》讲座，主讲人为广东省文物考古研究所研究馆员、前副所长，中国考古学会第五届理事会理事，暨南大学客座教授卜工先生。牛河梁遗址集中了早期中国多种古礼制度。其中，用彩制度、用玉制度、享堂制度、盟誓制度最引人关注。卜工先生认为牛河梁遗址的发现与发掘，明确了中国古代文明起源的多样性，颠覆了传统的黄河文明中心论，也推进了中国社会学派的健康发展，对考古学科发展有着里程碑式的意义。

9月18日，举办《隋唐长安的衣食住行》讲座，由北京大学考古文博学院教授、博士生导师，中国考古学会三国至隋唐考古专业委员会主任齐东方先生主讲。长安是个诱人遐想的城市，有帝王将相的业绩，也有才子佳人的故事，而百姓生活的琐琐碎碎，更直接地展示了城市的风貌。齐老师结合唐代的史料、书画作品以及考古发掘成果，探讨了唐代的城市布局和唐人出行、宴饮、居住等社会生活的方方面面。

11月19日，举办《唐都长安及唐朝文明的世界性》线上讲座，主讲人为陕西历史博物馆科研规划部主任、研究员杨效俊。在唐朝鼎盛时期，长安城内共居住着上百万人口，其中不乏大量外国人。他们在这里求学、经商、出使、传教，从事着各种各样的职业，有些甚至终生留居唐朝。杨老师通过分析当时的制度和对外政策，结合丝绸之路开通后繁盛的贸易和大规模的人口流动，探讨了唐都长安对中华文化远播世界并与其他文化不断交流互鉴产生的积极而重要的影响。

2021年金沙遗址博物馆举办学术讲座统计表

序号	时间	讲座题目	主讲嘉宾
1	2021年3月19日	"七宝玲珑"中的神圣与世俗	许晓东
2	2021年4月10日	锦衣华裳：考古图像中的吐蕃服饰	霍巍
3	2021年4月17日	"金器"之美：材料与工艺	杨军昌
4	2021年4月25日	"再读·成都"之走进金沙，探索古蜀文化	朱章义
5	2021年5月14日	王权世界新象万千——牛河梁中心大墓初探	卜工
6	2021年9月18日	隋唐长安的衣食住行	齐东方
7	2021年11月19日	唐都长安及唐朝文明的世界性	杨效俊

◎ 参加学术会议

3月11日，副馆长王方赴河南洛阳参加由中国社会科学院考古研究所主办的"二里头绿松石综合研究研讨会"。本次会议与会人员来自中国社会科学院考古研究所、浙江省文物考古研究所、中国科学技术大学、武汉大学、复旦大学、山东大学、中国地质大学、北京联合大学等国内多家科研院校、博物馆。金沙遗址博物馆副馆长王方参会，并在会上发言讨论。本次研讨会的召开对于绿松石的考古学研究具有总结性的意义，同时对于二里头遗址发掘研究和夏文化的研究传播起到积极的推动作用，对于多学科研究考古成果具有深远的意义。

5月10日，副馆长王方赴上海参加由中国文物交流中心主办的"中国文博发展创新峰会"。来自中国博物馆协会、北京博物馆学会、浙江省博物馆学会、上海博物馆协会、中国文物交流中心、上海博物馆、杭州博物馆、中共一大纪念馆、呼伦贝尔博物院、洛阳博物馆、吴中博物馆、上海大学等单位的近300位专家学者及文博文创产业链核心企业、成长性企业代表参会，并交流分享创新与高质量发展之道。大会以"后疫情时代文博创新发展：路径与策略"为主题，聚焦文博行业及文博相关产业链创新发展。

5月16日，副馆长王方赴北京参加由中国玉文化研究会主办的"从兴隆洼到三星堆·金沙——岫岩玉文化与中华文明"学术研讨会。来自北京、辽宁、内蒙古、山西、浙江等地区文博学术研究机构的30余位专家学者，就中国特色玉文化传承发展以及"玉"见文明展开了深入交流和研讨。

5月17日，宣传推广部秦晴赴北京参加由国家文物局、北京市人民政府主办的"第二届博物馆青年论坛"。国家文物局副局长关强出席论坛并致辞，国家文物局博物馆与社会文物司（科技司）、北京市委宣传部、北京市文物局等单位相关负责同志及各地博物馆青年代表近200人出席了本次论坛。此次论坛的主题是"博物馆的未来：博物馆青年的使命和担当"。围绕这一主题，来自全国各博物馆及高等院校、科研院所的13名博物馆青年专家，结合藏品保护、展陈策划、教育传播、考古研究、交流互鉴等博物馆专业领域的理论与实践做了精彩发言，集中展现了当代优秀青年博物馆人的新思考、新理念、新实践、新成果。

5月28日至30日，科技信息中心王瑶赴江苏宜兴参加由中国博物馆协会博物馆数字化专业委员会、江苏省博物馆学会传媒与新技术专业委员会、宜兴市文体广电和旅游局主办的"文旅融合中博物馆创新发展研讨会"。来自北京、天津、陕西、湖北、四川、江苏、浙江、广东等省、市、自治区的代表约80人前往参会。本次研讨会对文旅融合时代背景下的博物馆创新发展进行了深入展望，并对新形势下博物馆的模式创新和服务创新等问题做了深度探索与思考。

6月5日，副馆长王方赴湖北竹山参加由竹山县政府联合中国地质大学（武汉）、荆楚文化研究会主办的"2021年竹山绿松石产业发展交流会"。来自中国科学技术大学、复旦大学、武汉大学、中国地质大学、山东大学等单位的专家，以及工艺界、产业界等100余名嘉宾汇聚一堂，就如何传承绿松石文化、发展绿松石产业展开了深入交流。与会专家围绕"文化赋能·创新发展"的主题，用大量的考古史实和研究成果，深入解析了绿松石文化的起源与发展、内涵与特征、价值与功能及其在中华文化历史长河中的独特地位和深远影响。

6月9日，文物保护与修复中心刘珂赴四川康定参加由四川博物院、四川省博物馆学会藏品保管与登记著录专业委员会主办的"四川省博物馆学会藏品保管与登记著录专业委员会2021年会"。来自山西、重庆、深圳（线上）等省市的嘉宾以及省内41家文博单位的100余名代表参加了会议。与会代表围绕"藏品信息化建设与藏品档案管理"主题作了主旨发言，内容涉及藏品档案规范化收集整理、藏品管理系统开发与运行、智慧库房建设、馆藏文物一体化防震技术开发与应用、馆藏文物资源活化利用等，为未来博物馆藏品保护、研究、利用等工作提供了有益指导。

7月18日至22日，文创与营销部邱扬赴吉林集安参加由中国博物馆协会文创产品专业委员会主办的"博物馆文创现状及发展路径研讨交流会"，来自北京、湖北、陕西、浙江、四川、福建等地的博物馆和企业代表约50人参会，就博物馆现状及发展路径展开演讲和沙龙研讨，探究博物馆自身发展情况、分析艺术与博物馆视野互相融合的发展前景，对中国博物馆文创的发展进行了深入的探讨和剖析。

10月19日至22日,馆长朱章义受邀参加由成都市人民政府外事办公室、英国总领事馆文化教育处/英国文化教育协会(British Council)、成都市文化广电旅游局联合举办,成都博物馆承办的"重构未来2021成都·英国文化遗产周"论坛,该论坛在成都举办,采用线上+线下的模式,邀请到中英两地业界权威机构代表和专家学者,就可持续的文化遗产和城市发展、包容和多元的文化遗产、文化遗产领域的创新赋能、后疫情时代文化遗产领域的国际合作4个议题分享经验、交流观点、碰撞思想、凝聚共识。馆长朱章义在会上作《金沙遗址博物馆:遗址与城市共生》主题发言。

2021年度职工参加学术会议统计表

序号	时间	地点	参会人员	会议名称	主办方
1	2021年3月11日	河南洛阳	王方	二里头绿松石综合研究研讨会	中国社会科学院考古研究所
2	2021年5月10日	上海	王方	中国文博发展创新峰会	中国文物交流中心
3	2021年5月16日	北京	王方	"从兴隆洼到三星堆·金沙——岫岩玉文化与中华文明"学术研讨会	中国玉文化研究会
4	2021年5月17日	北京	秦晴	第二届博物馆青年论坛	国家文物局、北京市人民政府
5	2021年5月28日至30日	江苏宜兴	王瑶	文旅融合中博物馆创新发展研讨会	中国博物馆协会博物馆数字化专业委员会、江苏省博物馆学会传媒与新技术专业委员会、宜兴市文体广电和旅游局
6	2021年6月5日	湖北竹山	王方	2021年竹山绿松石产业发展交流会	竹山县政府联合中国地质大学(武汉)、荆楚文化研究会
7	2021年6月9日	四川康定	刘珂	四川省博物馆学会藏品保管与登记著录专业委员会2021年会	四川博物院、四川省博物馆学会藏品保管与登记著录专业委员会
8	2021年7月18日至22日	吉林集安	邱扬	博物馆文创现状及发展路径研讨交流会	中国博物馆协会文创产品专业委员会
9	2021年10月19日至22日	四川成都	朱章义	重构未来2021成都·英国文化遗产周	成都市人民政府外事办公室、英国总领事馆文化教育处/英国文化教育协会(British Council)、成都市文化广电旅游局

二里头绿松石综合研究研讨会

中国文博发展创新峰会

"从兴隆洼到三星堆·金沙——岫岩玉文化与中华文明"学术研讨会

第二届博物馆青年论坛

文旅融合中博物馆创新发展研讨会

2021年竹山绿松石产业发展交流会

四川省博物馆学会藏品保管与登记著录专业委员会2021年会

博物馆文创现状及发展路径研讨交流会

重构未来2021成都·英国文化遗产周

◎ 签订学术合作协议

2021年，金沙遗址博物馆与敦煌研究院、上海市奉贤区博物馆、北京大学考古文博学院、山东大学历史文化学院等机构签订战略合作框架协议，未来各方将在学术研究、博物馆运营管理、文化遗产保护等方面开展深度合作。

三、专项学术活动

◎ 四川省博士后创新实践基地申报

作为全国重点文物保护单位、国家一级博物馆、首批国家考古遗址公园、全国4A旅游景区，金沙遗址博物馆历来重视科研发展，自金沙遗址发现、发掘以来，便在遗址保护与利用、研究上做出诸多实践，在古蜀文明创新传承发展、冶金考古、玉石器研究、文物保护及原创展览策划实施等方面开展广泛合作交流，形成了一批重要学术研究成果。为整体提升金沙遗址博物馆的产学研水平，为成都打造世界文化名城推广助力，2021年4月金沙遗址博物馆启动了"四川省博士后创新实践基地"申报工作，2021年7月1日四川省人力资源和社会保障厅下发《四川省人力资源和社会保障厅关于批准设立2021年度博士后创新实践基地的通知》（川人社函〔2021〕469号），批准金沙遗址博物馆设立"四川省博士后创新实践基地"，并给予科研经费等配套政策支持。

金沙遗址博物馆将依托博士后创新实践基地，作为单位产学研相结合的重要基地，鼓励博士后等基地人才广泛地与国内外各类高校及科研院所、机构展开项目合作，整合各类优势资源，实现合作共赢，不断推进单位科研工作，传承中华优秀传统文化。

◎ 国家考古遗址公园运行评估

2021年6月至7月，完成2020年度国家考古遗址公园监测评估的数据填报，从遗址保护、学术合作与研究、运营管理与服务、社会宣传四个方面对金沙国家考古遗址公园的运行情况进行全面梳理和数据汇总，在总结和梳理各个板块现存问题的同时，分析研究"十三五"期间金沙国家考古遗址公园的整体运行状况，提出了公园运行过程中的优势经验、主要问题及合理化建议。

四、学术成果

2021年,出版《成都金沙遗址博物馆年鉴·2019》《Jinsha Site Museum》《寻秘古蜀金沙》3部图书,全馆职工公开发表论文共计25篇。协助完成四川省文化和旅游厅主编的《四川文化和旅游年鉴(2020卷)》、中国博物馆协会史前遗址博物馆专业委员会主编的《中国考古遗址博物馆》图书部分内容的撰写。

2021年金沙遗址博物馆学术成果统计表

序号	书名/篇名	作者	出版社/报刊名	出版时间/期数
1	《成都金沙遗址博物馆年鉴·2019》	成都金沙遗址博物馆	巴蜀书社	2021年4月
2	《Jinsha Site Museum》	成都金沙遗址博物馆	巴蜀书社	2021年4月
3	《寻秘古蜀金沙》	成都金沙遗址博物馆	四川少年儿童出版社	2021年12月
4	金沙遗址博物馆大气污染特征研究	蒋璐蔓、张军科、董贵明、刘珂、明文秀、陈丽琴、苗闻文、陈俊橙、杨斄、肖嶙	《文物保护与考古科学》	2021年第1期
5	博物馆室外展览的探索与思考——以金沙遗址博物馆为例	田湘萍	《华夏文明》	2021年第1期
6	略论博物馆的"经常性观众"——基于三家博物馆的实证研究	周婧景、林咏能、郑晶、吴彬等	《自然科学博物馆研究》	2021年第1期
7	2017年金沙遗址"金牛社区综合楼"地点发掘简报	田剑波、段董念、王占奎、刘骏	《成都考古发现(2018)》,科学出版社	2021年1月
8	2018年成都市成华区红花堰遗址发掘简报	段董念、田剑波、易立	《成都考古发现(2018)》,科学出版社	2021年1月
9	博物馆的美食文创设计开发研究	黄华	《中国博物馆》	2021年第2期
10	从博物馆语音导览系统发展谈成都金沙遗址博物馆智慧导览系统建设	吴彬、姚菲	《文博学刊》	2021年第2期

续表

序号	书名/篇名	作者	出版社/报刊名	出版时间/期数
11	基于儿童认知发展特点的展览策划实践与反思——以金沙遗址博物馆儿童展览为例	郑漫丽	《自然科学博物馆研究》	2021年第2期
12	发现20年，金沙遗址正年轻	李知黉	《中国文物报》	2021年2月9日
13	新形势下博物馆讲解队伍的建设	余欣	《成都文物》	2021年第3期
14	十二桥文化陶器生产的若干线索	吴超明	《四川文物》	2021年第4期
15	十节玉琮	林晓琴	《超级国宝》，江苏凤凰文艺出版社	2021年4月第1版
16	太阳神鸟金饰	方怡	《超级国宝》，江苏凤凰文艺出版社	2021年4月第1版
17	试论郑州地区仰韶文化中晚期的石刀类型与技术特征	吴超明、魏青利、刘亦方、宋国定、顾万发、胡继忠	《南方文物》	2021年第5期
18	郑州地区仰韶时期石环的初步研究	任文勋、吴超明、李升韬、宋国定、顾万发	《南方文物》	2021年第5期
19	中国新石器时代石器工业研究的回顾与思考	吴超明、宋国定	《南方文物》	2021年第5期
20	浅析前置性评估对临时展览的影响——以成都金沙遗址博物馆"金色记忆"展前观众问卷调查为例	任华利	《艺术博物馆》	2021年第5期

续表

序号	书名/篇名	作者	出版社/报刊名	出版时间/期数
21	基于情感体验的"人宠依互"设计研究	邱扬	《工业设计产业研究中心2019年论文汇编》	2021年第7辑
22	智慧金沙的实践与思考——成都金沙遗址博物馆的智慧化建设	姚菲、吴彬	《中国智慧博物馆蓝皮书2020》，中国书籍出版社	2021年9月
23	三星堆背后的古蜀文明	朱章义、郑漫丽、田湘萍	《人民日报》	2021年10月6日第7版
24	纪念金沙遗址发现20周年国际学术会议综述	陈剑、郑漫丽	《文物天地》	2021年第12期
25	试论长江上游古蜀文化时期的琢玉工艺	王方	《西南要会》第一辑，巴蜀书社	2021年12月
26	从唐墓壁画狩猎图看中外文化交流	杜卓然	《西南要会》第一辑，巴蜀书社	2021年12月
27	古蜀文化与现代诗歌的"跨界"：解析"诗意金沙——古蜀文化主题诗歌作品展"	任华利	《西南要会》第一辑，巴蜀书社	2021年12月
28	金沙遗址出土战国青铜斧（斤）铖铸造工艺初步研究	苗闻文、王晨露	《西南要会》第一辑，巴蜀书社	2021年12月

五、图书信息建设

2021年，严格遵照《图书资料管理制度》《图书阅览室服务管理制度》《图书借阅管理办法》《图书管理员岗位职责》《图书采购管理办法》《书籍资料领用管理办法》等图书管理制度，做好图书采购、图书交换、图书借阅、书籍领用与整理工作。全年完成图书采购588册，完成2022年报纸、中文期刊、外文期刊的订阅和2022年电子学术资源采购工作；开展馆际合作，邮寄送出金沙主题出版物530册；全年入库《成都金沙遗址博物馆年鉴·2019》《Jinsha Site Museum》共2000册；馆内借书317册次、还书307册次；整理装订2020年往期期刊、《中国文物报》（2014–2020年）共134套。

2021年，按照图书交换协议，分别与四川博物院、成都文物考古研究院、成都博物馆、重庆中国三峡博物馆、广东省博物馆、浙江省文物考古研究所、深圳博物馆、齐文化博物院完成图书交换。与伪满皇宫博物院签订长期交流协议，并完成2021年度图书交换。全年共收到交换图书144册、收到其他友好单位赠送出版物180册。

报纸装订区

新刊展示区

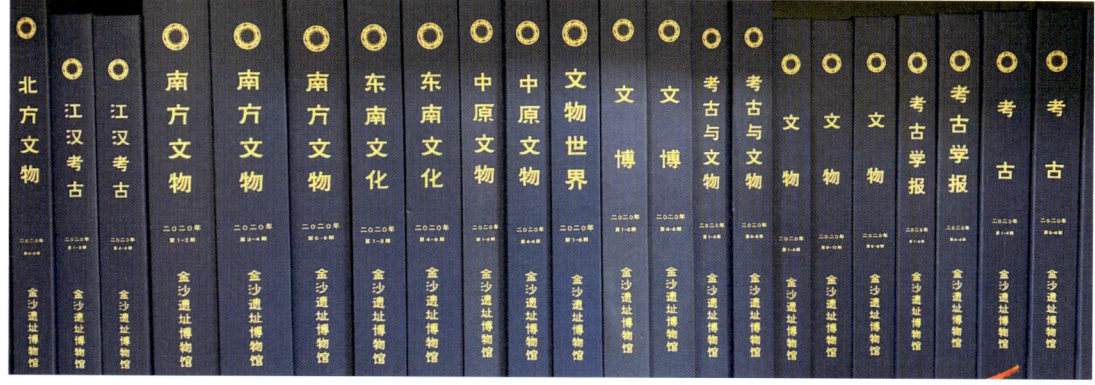

往期期刊区

陈列展览
EXHIBITIONS

综　述

　　2021年，金沙遗址博物馆继续秉承以观众为中心的服务理念，在基本陈列有序开放的基础上，对陈列馆第三展厅、遗迹馆进行了提升改造。全年共推出临时展览13个，包括精品文物展示、考古科普、馆校合作和线上展览等，提升了博物馆的陈列展示水平。此外，策划了主题鲜明的对外巡展6个，向各地展示独特而辉煌的古蜀文明，实现文明的跨区域对话。

一、常设展览

完成陈列馆第三展厅整体提升改造，包括对展柜、展柜玻璃及灯具等设备的更换升级。将30个展柜全部更换为低反射夹胶玻璃，透光率高达97%以上，反射率则不足1%，能够产生"裸展"的错觉。配备30余台柜内免补水净化调湿机，为每件文物构筑起量身定制的微环境调控系统。对展柜密封性、锁具安全性，以及展台包覆材料进行了提升，以更好地为文物"保驾护航"。对展牌进行整体升级，观众通过扫描展牌上的二维码即可获取中英日韩等8个语种的文物解读信息以及丰富的拓展知识，实现一键式深度观展体验。

第三展厅提升改造后效果

正式开放遗迹馆"发现金沙——考古遗址体验展"。该展览位于遗迹馆南边步道旁,通过图版形式介绍金沙遗址2001年发现以来的考古发掘和研究成果,并以20年来的发掘、保护和研究为主线,将展览内容分为"重要遗存""功能分区""祭祀区"三部分。新增多处数字化展项,以增强展览的趣味性和知识性。展览结尾处设置了互动式灯箱,向观众科普馆内重要展品"秋枫"的相关知识,深受年轻观众欢迎。

"发现金沙——考古遗址体验展"实景

二、临时展览

2021年,金沙遗址博物馆继续围绕"5+1"特色展示体系,精心策划了"重要考古发现""文物专题""中国区域文明"和"艺术金沙"等临展项目,同时联合多家文博单位持续输出"古蜀文明"系列展览,促进不同文明之间的对话与交流,让各地观众感受中华文明的多元魅力。

● 天下大足——大足石刻的发现与传承

展览时间:2020年8月16日至2021年1月3日

展览地点:陈列馆负一层临时展厅

本次展览是在践行"成渝地区双城经济圈"建设、建好巴蜀文化旅游走廊的背景下诞生的首个展览成果。展览以世界文化遗产"大足石刻"的发现、保护与传承为主题,通过展出90余件(套)宋代至明清石刻精品,配以大量的石窟高清图片和多媒体设备,集中展示了以北山、宝顶山、南山、石篆山、石门山石窟为代表的大足石刻造像,呈现了大足石刻独特的美学内涵、精湛的雕刻工艺及先进的保护成果,对于文化遗产保护与传承有重要的启发意义,也促进了川渝两地关于石窟保护研究与博物馆建设的深度交流。该展荣获"2020年度四川省博物馆十大陈列展览精品奖"。

"天下大足——大足石刻的发现与传承"展览实景

"天下大足——大足石刻的发现与传承"展览实景

● 七宝玲珑——来自喜马拉雅的艺术珍品

展览时间：2021年2月1日至4月25日

展览地点：陈列馆负一层临时展厅

此次展览精选了233件（套）主要来自17—20世纪的喜马拉雅地区绚烂缤纷的艺术珍品，分别从"神韵天工""器用万象"和"佩饰风华"三个部分，介绍这批器物的功能、用途以及工艺。通过来自喜马拉雅地区的宗教器物、生活用具及日常佩饰等，向观众展示来自雪域高原的惊世瑰宝，带领观众去品鉴其精湛的加工技艺，体味大千世界多元的审美意趣，以及跨越时空的"美美与共"。展览设计以彰显展品"工艺之美、器韵之美和色彩之美"为核心，展厅基调均从展品本身汲取灵感，如绿松石的蓝绿色、象征大地的黄色与灰色、红宝石的葡萄红色等，力求让观众感受当地人们天人合一的精神境界与审美情趣。风格则以艺术、时尚、现代为特色，以软性线帘加条状灯带形成弧形帷幔，结合光影艺术氛围为展品营造出"犹抱琵琶半遮面"的神秘感；将二维半造景、大幅灯箱、镜像与数字化展示等手段穿插设置在展厅中，实现了艺术与内涵美的和谐统一。

该展览成为国家文化和旅游部"2021年度内地与港澳文化和旅游交流重点项目"中唯一入选的博物馆展览项目，并荣获"2021年度四川省博物馆十大陈列展览精品（国际及港澳台合作）奖"。

"七宝玲珑——来自喜马拉雅的艺术珍品"展览实景

"七宝玲珑——来自喜马拉雅的艺术珍品"展览实景

● 金沙秘境——生态复原花艺展

展览时间：2021年2月10日至2月28日

展览地点：博物馆园区

本展览依托金沙遗址考古发掘研究资料，以植物雕塑、园艺造景为手段，通过大面积鲜花铺设、景观塑造，复原古蜀金沙藤萝花草茂盛生长、飞禽走兽酣畅嬉戏的美好生活景象。展示期内，数十万盆鲜花竞相绽放，牛、马、老虎、大象、梅花鹿等十余组古蜀动物雕塑掩映在亚热带植物之中，为观众打造一片葱茏蓊郁的金沙丛林秘境。

"金沙秘境——生态复原花艺展"展览现场

● 重生·绽放——金沙遗址发现20周年纪念展

展览时间：2021年2月10日至2月28日

展览地点：遗迹馆广场

"重生·绽放——金沙遗址发现20周年纪念展"通过回顾金沙遗址从发现、发掘、保护到建成国家考古遗址公园的全过程，以"变化"为核心主题，全面展示金沙遗址的发现给考古学、历史学研究带来的新变化和

"重生·绽放——金沙遗址发现20周年纪念展"实景

金沙遗址博物馆20年来所经历的文博事业革新，以及博物馆的不断发展给成都这座城市带来的变化，充分展示"遗址与城市共生、传统与未来互融"的遗产保护与利用理念。

点亮金沙——彩灯光影艺术展

展览时间：2021年2月10日至2月28日

展览地点：博物馆园区

"点亮金沙——彩灯光影艺术展"分为"巴蜀文化""太阳崇拜""民俗风情"三大板块，含7组超10米高的大型主题灯组、数十组中小型彩灯和5000余串树木装饰。园区主干道上，16个花饰拱门按春、夏、秋、冬四季时光依次罗列，组成了一个长达百米的花灯长廊；以古巴蜀地区人文风貌打造的巴蜀画卷灯组跨度超过40米，呈现了古蜀人打猎、耕种、歌唱、舞蹈、祭祀、祈福等生活场景，把丰富多彩的古代巴蜀生活以中国山水画的方式徐徐展开，恢弘大气

"点亮金沙——彩灯光影艺术展"实景

"点亮金沙——彩灯光影艺术展"实景

的灯组吸引众多观众拍照打卡；高达18米的"牛气冲天"灯组，以中国传统年俗文化为设计灵感，又突破性地以具有视觉冲击力和现当代美感的色块装饰，牛群昂首向前，是对新一年幸福生活牛气冲天的美好祝愿……

本次艺术展在传承非遗彩灯工艺的基础上，加入了不少新奇元素。除了沿用节能环保的LED灯源，还首次使用忽明忽暗的呼吸灯、可随风飘动的光纤灯、具有愉悦动感持续垂落烟雾泡泡的树形灯、利用人体重力实现亮灯互动的感应踏板和星空秋千等，构建出一个绚丽变幻的古蜀金沙体验秘境。

● 中国博物馆美术馆海报设计三年展（2019-2021）

展览时间：2021年5月18日至8月2日

展览地点：遗迹馆广场

本次海报展是文博领域首个博物馆、美术馆海报设计成果展，精选2019-2021年国内各博物馆、美术馆推介的300余幅优秀海报作品，分五个单元进行叙述：第一单元展示了2019年和2020年在"缪斯慕博物馆海报设计推介活动"中斩获"十佳"的精品海报；第二单元则汇集了国内数十家博物馆设计的展览、活动、节气等主题海报；第三单元为庆祝中国共产党成立100周年的献礼专题；第四单元展示了当代艺术馆、美术馆对展览、作品的思考与塑造；第五单元为"国际博物馆日"系列海报。通过高清写真、数字动态海报等形式，展示了当下中国各博物馆、美术馆的繁荣与蓬勃，同时向社会公众呈现博物馆、美术馆运用海报这一媒介对历史人文、设计美学、公共价值的思考与实践。此外，本次展览还特别增设"线上展厅"，汇集到数十家博物馆、美术馆的数字展览资源，带领观众一同"云观展"。

"中国博物馆美术馆海报设计三年展（2019-2021）"实景

● 天地不绝

展览时间：2021年6月1日至7月6日

展览地点：陈列馆负一层临时展厅

为配合陈列馆第三展厅基本陈列改造提升，同时保证观众完整的参观体验，博物馆将第三展厅文物移至临时展厅，集中展示祭祀区出土的金器、玉器、石器、象牙、卜甲等精美文物，重点表现古蜀金沙的宗教祭祀及先民的精神世界。

"天地不绝"展览实景

妙笔生花——考古绘图展

展览时间：2021年7月10日至11月10日

展览地点：遗迹馆

"妙笔生花——考古绘图展"以考古研究中较为"冷门"的工作——考古绘图为主题，选取良渚遗址、三星堆遗址、金沙遗址和四川其他地区部分重要遗址的数十幅画工精细、纹饰优美的考古线图进行展出，科普考古绘图的常识、方法和成果，重点展示其在考古发掘和研究过程中所发挥的重要作用，突出表现考古绘图科学性和艺术性相结合的特点。该展利用绘图作品向中国考古百年征程及取得的丰硕成果致敬，也向考古人坚守初心、数十年如一日的工匠精神致敬。

"妙笔生花——考古绘图展"实景

此外，博物馆还通过馆校合作和社会征稿，展出以金沙文化为主题的绘画作品，辅以一系列的社教宣传和讲座活动，以达到拉近与观众的距离、进一步传播考古知识的目的。

回望长安——陕西唐代文物精华展

展览时间：2021年7月30日至11月28日

展览地点：陈列馆负一层临时展厅

作为金沙遗址博物馆又一个"区域文明"系列临展，本次展览以唐代长安的生活为主题，精选了陕西历史博物馆等7家博物馆馆藏的120件（套）唐代代表性文物，包括金银器、玉器、陶俑、瓷器、三彩器、铜镜、佛教造像和建筑构件等。以"东方之都""城居日常""华服美饰""文娱之盛""宗教文化""对外交流"6个主题，为观众展示唐长安城和长安人的饮食起居生活、娱乐活动、服饰和装饰艺术、宗教信仰以及长安城的对外交往，再现大唐盛世发达的物质文明和灿烂文化，凸显唐都长安的繁盛气象以及丝绸之路沿线的文化交流与互鉴。形式设计以展览主题、内容文本为核心进行思考，展厅以"方正、对称、有序"为定位划分空间，呼应中华民族传承千年的审美原则。用纱幔材质的展墙取代部分实体墙，营造"隔而不隔"的艺术情趣。展厅中央提取唐代建筑元素，结合独立展柜，利用大型灯箱设计极具阵列感的艺术隔断，将文物置身于场景中，丰富空间的节奏感。根据展品特性，结合展厅空间，设计多处嵌入

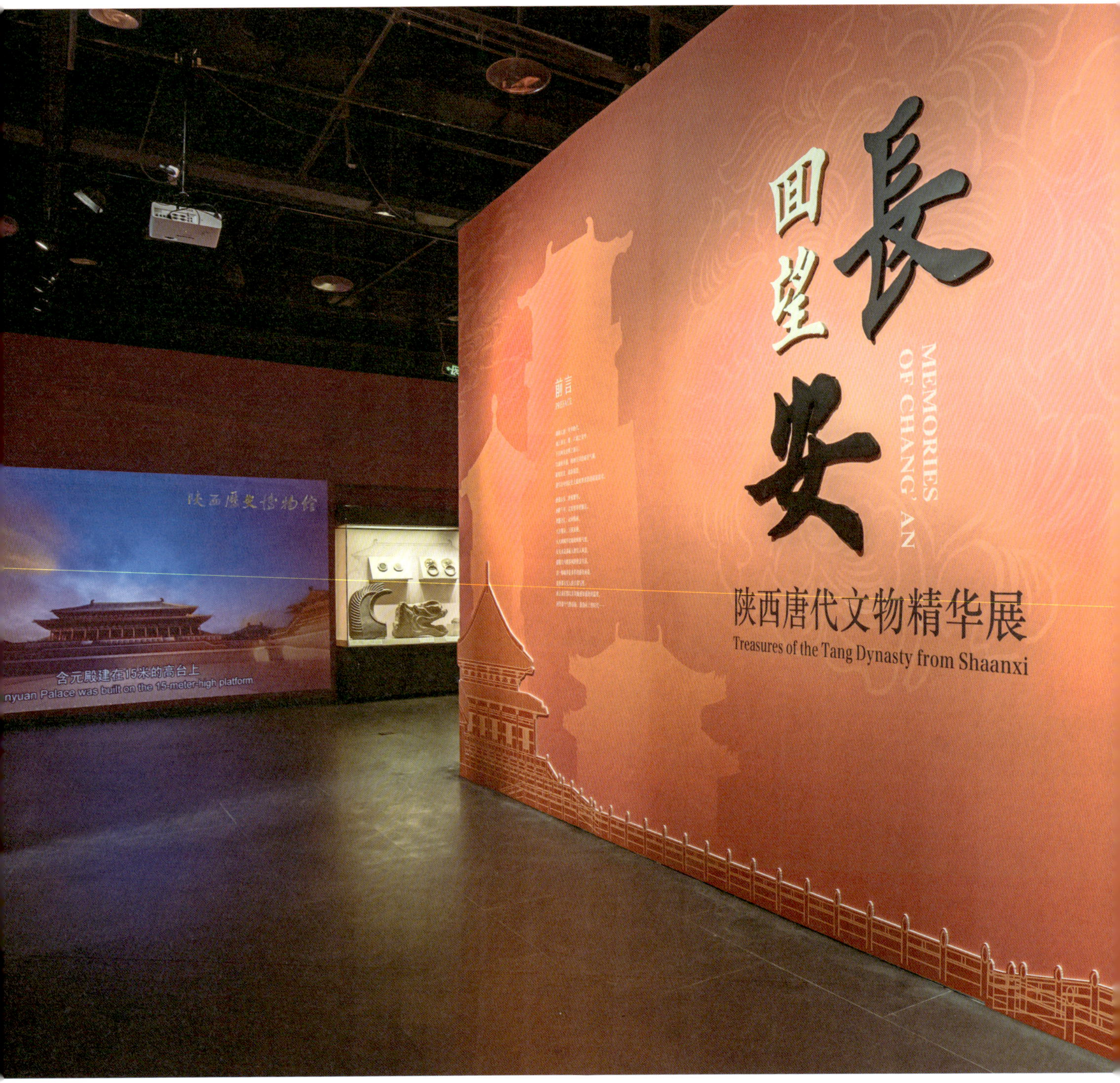
回望
長安
MEMORIES OF CHANG'AN
陕西唐代文物精华展
Treasures of the Tang Dynasty from Shaanxi
前言
陕西历史博物馆
含元殿建在15米的高台上
nyuan Palace was built on the 15-meter-high platform

"回望长安——陕西唐代文物精华展"实景

式壁龛。此外，还利用唐代的多幅名画，在展厅中安排了多处打卡点，营造出沉浸式的参观空间。该展荣获"2021年度四川省博物馆十大陈列展览精品奖"。

盛世名都——唐代的重要城市

展览时间：2021年7月30日至11月28日

展览地点：陈列馆负一层冥想空间

唐代是中国城市发展的重要阶段，在城市发展史上占有重要地位，城市建设水平得到显著提升。在这一时期，国力空前强盛，再加上隋代开通的京杭大运河，使得交通便利，商品贸易繁荣。展览选取了除都城长安以外，在当时颇具特色的其他城市，比如富贵闲适的洛阳、"非贤莫居"的太原、风月长生的扬州、富庶安逸的益州和贸易盛行的广州等，以图版的形式，将上述城市和在当时享誉"扬一益二"的成都所呈现的独特风貌展现在观众面前，让观众能全方位地了解唐代社会和当时的成都。

"盛世名都——唐代的重要城市"展览实景

"艺术金沙"第二届儿童主题绘画展

展览时间：2021年11月17日至2022年2月15日

展览地点：遗迹馆

绘画是儿童表达思维活动和进行情感交流的一种特殊的视觉语言，它承载着儿童内心最丰

"'艺术金沙'第二届儿童主题绘画展"实景

富也最多彩的童年世界。2007年开馆的金沙遗址博物馆，与无数孩童共同成长。时值中国共产党成立100周年和金沙遗址发现20周年，博物馆从全市范围内征集到的儿童绘画作品中精心挑选了100幅表现手法各异、极具个性张力且不失童趣的优秀画作，策划了这个特别展览，旨在让文物"活"起来，向广大青少年宣扬中华优秀传统文化。

● 大运金沙——发现金沙20年·许燎源艺术展

展览时间：2021年12月15日至2022年2月15日

展览地点：陈列馆负一层冥想空间

此次展览是金沙遗址博物馆"艺术金沙"系列又一临展，展出大运会火炬——"蓉火"，以及火炬设计师许燎源先生以古蜀文明为主题，为"金沙发现20年"创作的多件现代艺术作品，同时辅以丰富的图片、互动多媒体等展品，呈现古蜀文明在当代语境和跨界文化中的审美意趣，彰显历史文化的多元表达。

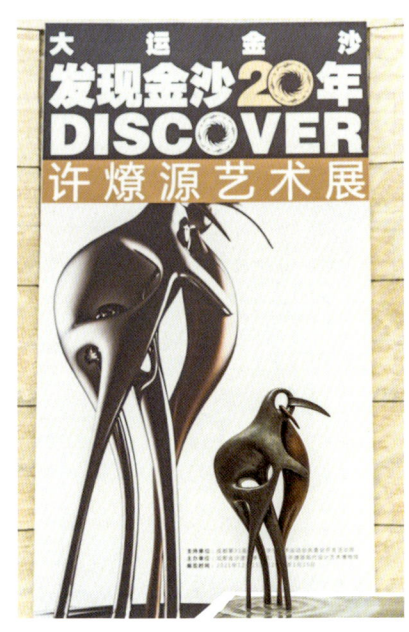

"大运金沙——发现金沙20年·许燎源艺术展"实景

● 文明的万花筒——叙利亚古代文物精品展

展览时间：2021年12月30日至2022年5月8日

展览地点：陈列馆负一层临时展厅

本次展览是金沙遗址博物馆"世界文明"系列临展之一，也是博物馆践行"一带一路"倡议，响应"亚洲文化遗产保护行动"，深化中国与丝绸之路沿线国家传统友谊，开展文化交流互鉴的积极探索。展览集结国内外12家文博单位的183件（套）展品，以历史时间的流动为主线，分为"曙光：石器时代""变革：青铜时代""争霸：铁器时代""融合：希腊化、罗马和伊斯兰时代"和"对话：中叙两国间的友好往来"5个单元，再辅以重要考古遗址、社会的变迁、文化的交融等诸多元素，定格叙利亚50万年的历史瞬间，从生活用品到礼仪用具，从人物雕像到建筑装饰，从亚述壁画到希腊银币，呈现一幅波澜壮阔的叙利亚历史画卷。同时，通过丝绸之路沿线出土展品呈现出中叙两国两千年来在文化、贸易等多方面的交流与互动，开启跨越古今的文明对话。

"文明的万花筒——叙利亚古代文物精品展"实景

"文明的万花筒——叙利亚古代文物精品展"实景

2021年金沙遗址博物馆策划与实施的临时展览一览表

序号	展览名称	主题	展品数量	主办单位	展览时间
1	天下大足——大足石刻的发现与传承	展览以世界文化遗产"大足石刻"的发现、保护与传承为主题，通过展出宋代至明清石刻精品，集中展示了以北山、宝顶山、南山、石篆山、石门山石窟为代表的大足石刻造像，呈现大足石刻独特的美学内涵、精湛的雕刻工艺及先进的保护手段。	90余件/套	成都金沙遗址博物馆、重庆大足石刻研究院	2020年8月16日至2021年1月3日
2	七宝玲珑——来自喜马拉雅的艺术珍品	展览精选了来自17-20世纪的喜马拉雅地区绚烂缤纷的艺术珍品，从器物的功能、用途及工艺角度出发，通过宗教器物、生活用具及日常佩饰等，向观众展示来自雪域高原的惊世瑰宝。	233件/套	成都金沙遗址博物馆、香港中文大学文物馆	2021年2月1日至4月25日
3	金沙秘境——生态复原花艺展	展览以金沙遗址考古发掘资料为依据，以植物雕塑、园艺造景为手段，复原古蜀金沙藤萝花草茂盛生长的生态环境，以及飞禽走兽酣畅嬉戏的美好景象。	18组	成都金沙遗址博物馆	2021年2月10日至2月28日
4	重生·绽放——金沙遗址发现20周年纪念展	展览通过回顾金沙遗址从发现、发掘、保护到建成国家级遗址公园的全过程，全面展示金沙遗址的发现给考古学、历史学研究带来的新变化，以及金沙遗址博物馆20年来所经历的文博事业革新。	54幅	成都金沙遗址博物馆	2021年2月10日至2月28日
5	点亮金沙——彩灯光影艺术展	展览分为"巴蜀文化""太阳崇拜""民俗风情"三大板块，用7组超10米高的大型主题灯组、数十组中小型彩灯和5000余串树木装饰的氛围营造将金沙妆点成一个星光熠熠、灯火辉煌的光影世界。	40余组	成都金沙遗址博物馆	2021年2月10日至2月28日
6	中国博物馆美术馆海报设计三年展（2019-2021）	本次海报展精选2019-2021年国内各博物馆、美术馆推介的300余幅优秀海报作品，通过高清写真、数字动态海报等形式，展示当下中国各博物馆、美术馆的繁荣与蓬勃；同时向社会公众呈现博物馆、美术馆运用海报这一媒介对历史人文、设计美学、公共价值的思考与实践。	300余幅	中国博物馆协会展览交流专业委员会、中国博物馆协会陈列艺术委员会、成都金沙遗址博物馆等	2021年5月18日至8月2日
7	天地不绝	展览集中展示祭祀区出土的金器、玉器、石器、象牙、卜甲等精美文物，重点表现金沙社会的宗教祭祀及金沙先民的精神世界。	229件/套	成都金沙遗址博物馆	2021年6月1日至7月6日
8	妙笔生花——考古绘图展	本次展览以考古绘图为主题，选取良渚遗址、三星堆遗址、金沙遗址和四川其他地区部分重要遗址的数十幅考古线图进行展出，科普考古绘图的常识、方法和成果，重点展示其在考古发掘和研究过程中所发挥的重要作用，突出表现考古绘图科学性和艺术性相结合的特点。	70余幅	成都金沙遗址博物馆、浙江省文物考古研究所、四川省文物考古研究院、成都文物考古研究院、绵阳市博物馆、四川广汉三星堆博物馆	2021年7月10日至11月10日

续表

序号	展览名称	主题	展品数量	主办单位	展览时间
9	回望长安——陕西唐代文物精华展	本次展览以唐代长安的生活为主题，分为"东方之都""城居日常""华服美饰""文娱之盛""宗教文化""对外交流"6个主题，为观众展示唐长安城、长安人的饮食起居生活、娱乐活动、服饰和装饰艺术、宗教信仰以及长安城的对外交往，再现大唐盛世发达的物质文明和灿烂文化。	120件/套	成都金沙遗址博物馆、陕西历史博物馆	2021年7月30日至11月28日
10	盛世名都——唐代的重要城市	展览选取除都城长安以外在当时颇具特色的其他城市，比如富贵闲适的洛阳、"非贤莫居"的太原、风月长生的扬州、富庶安逸的益州和贸易盛行的广州等，以图版的形式，将上述城市和在当时享誉"扬一益二"的成都的独特风貌展现在观众面前，让观众能全方位地了解唐代社会和当时的成都。	30余组	成都金沙遗址博物馆	2021年7月30日至11月28日
11	"艺术金沙"第二届儿童主题绘画展	此次展览从全市范围内征集到的儿童绘画作品中精心挑选了100幅表现手法各异、极具个性张力且不失童趣的优秀画作进行策展，旨在让文物"活"起来，向广大青少年宣扬中华优秀传统文化。	100幅	成都金沙遗址博物馆	2021年11月17日至2022年2月15日
12	大运金沙——发现金沙20年·许燎源艺术展	此次展览将大运会火炬"蓉火"与火炬设计师许燎源先生以古蜀文明为主题创作的多件艺术作品联袂展出，展示古蜀文明在当代语境和跨界文化中的审美意趣，彰显历史文化的多元表达。	13件/套	成都金沙遗址博物馆、成都许燎源现代设计艺术博物馆	2021年12月15日至2022年2月15日
13	文明的万花筒——叙利亚古代文物精品展	本次展览系统展示了叙利亚从史前到伊斯兰时期灿烂的历史文化，同时通过丝绸之路沿线出土展品呈现出中叙两国两千年来在文化、贸易等多方面的交流与互动，开启跨越古今的文明对话。	183件/套	成都金沙遗址博物馆、中国文物交流中心、阿拉伯叙利亚共和国驻华大使馆	2021年12月30日至2022年5月8日

三、输出展览

● "趣问金沙"绘画展

展览时间：2021年3月3日至4月3日

展览地点：成都墨池书院小学

"趣问金沙"绘画展是一个科普性质的绘画图版展，策展团队立足于用通俗语言宣传推广

"'趣问金沙'绘画展"实景

古蜀金沙文化的初衷,从历年游客朋友们提出的有关于金沙遗址及其文化内涵的疑问中,精选了20道最"奇怪"的问题,用Q版插画配上趣味问答,用浅显易懂的语言为广大青少年解谜。该展览科普性较高,受到观众普遍好评。

● 诗意金沙——古蜀文化主题诗歌作品展

展览时间：2021年5月18日至7月15日

展览地点：新都博物馆

本次展览以众筹征集的诗歌作品为基础,分为"感怀——诗人笔下的金沙""对话——公众眼中的金沙"和"童言——小朋友心中的金沙"三个部分,集中展示了社会各界为古蜀金沙创作的诗歌作品,不仅呈现出公众对金沙文化的解读与感悟,更建立起古老文明与现代艺术之间链接的纽带。展览期间共吸引约8.3万人次前来参观。

"诗意金沙——古蜀文化主题诗歌作品展"实景

古蜀之光：三星堆·金沙遗址出土文物大展

展览时间：2021年6月8日至8月31日

展览地点：上海市奉贤区博物馆

2021年6月，由四川广汉三星堆博物馆、成都金沙遗址博物馆、上海市奉贤区博物馆联合主办的"古蜀之光：三星堆·金沙遗址出土文物大展"在上海市奉贤区博物馆正式开幕。此次展览共展出130余件/套古蜀文物珍品，包括金沙遗址出土文物75件/套，其中，金沙镇馆之宝——"太阳神鸟"金饰以仿制品的方式展出。展览分别从"古蜀文化的基本概况""三星堆和金沙遗址出土的文物重器""从现当代考古走进古蜀之地"三个部分讲述神秘的古蜀文化，再现了古蜀文明的繁盛和辉煌。

"古蜀之光：三星堆·金沙遗址出土文物大展"实景

长江万里青——长江流域青铜器精品展

展览时间：2021年6月11日至11月12日
展览地点：盘龙城遗址博物院

该展汇集湖北省博物馆、湖南省博物馆、盘龙城遗址博物院、四川广汉三星堆博物馆、成都金沙遗址博物馆等12家文博单位的118件/套文物精品，集中展现了长江流域商周时期重要遗址的典型青铜器代表。展览根据商周时期长江流域文化特征，划分为"既田疾兵""设宴飨客""异彩华章"三个单元，以及精品文物展区"物华天宝"，分别展示长江流域代表性的青铜兵器、农具、炊器、宴饮器、祭祀用具和乐器。展览从青铜器精品入手，由小及大、由点及面，借助多媒体投影视频、场景画、图像和文字图版说明等形式，再现了长江流域高度发达的青铜文明与独特的艺术审美，实证长江流域和黄河流域同为中华文明的起源。

"长江万里青——长江流域青铜器精品展"实景

时祀尽敬
SINCERE PRAYER

长江流域面积广大，环境条件优越，促成了多彩的地理风貌，养育了丰富的自然物种。在对科学认知有限的青铜时代，敬神好巫、"信巫鬼、重淫祀"成为长江流域先民深植的宗教观念和精神信仰，体现在物质文化上，则是专门用于祭祀的器物群，和对动物形象的利用和动物能力的放大。

The Yangtze River Basin is characterized by its large area and superior environmental conditions, which have contributed to the colorful geography and nurtured a wealth of natural species. In the Bronze Age when the knowledge of science was limited, the worship of ghost and Wu(sorcerer), "worship the Wu and ghost, hold a unique ritualized event" became the cosmic and spiritual beliefs deeply planted by the ancestors in the Yangtze River Basin, which were embodied in material culture and were dedicated to sacrifices. The group of artifacts, and the use of animal images and the enlargement of animal abilities.

古蜀文化祭祀器物群
RITUAL BRONZE OF ANCIENT SHU CIVILIZATION

"国之大事，在祀与戎"，祭祀是商周时期举国崇拜的重要的活动之一，中原地区尤其注重祭祀礼制，反映在铜器造型上，表现为以蒸饮礼器为中心的青铜器组合。在长江流域，尤其是以三星堆遗址和金沙遗址为代表的的古蜀地区，区别于中原青铜文化，诞生了神秘诡谲、造型奇特的青铜器集群，尤以铜树、人头像、人面具、兽面等为代表，被赋予了沟通神灵的祭祀功能。

■ 古蜀文化中的凤鸟崇拜

■ 古蜀文化中的眼睛崇拜

● 人与神——神秘的古蜀文明

展览时间：2021年9月17日至2022年1月4日

展览地点：浙江西湖美术馆

本次展览由浙江省博物馆、四川广汉三星堆博物馆、成都金沙遗址博物馆联合主办。展览以古蜀王国两个最重要的遗址——三星堆遗址、金沙遗址出土的典型文物为载体，包括青铜头像、青铜面具、金箔饰物、玉器、陶器等，从古蜀先民的物质生活，到沟通天地的"巫"与祭祀，再到神秘多样的"神"，勾勒出中国西南地区独具特色的古蜀历史文化的发展面貌，展现古蜀文明瑰丽奇幻、神秘浪漫的宗教礼仪及文化艺术成就，揭示古蜀文明的内涵与特色。

"人与神——神秘的古蜀文明"展览实景

山高水阔　长流天际——长江流域青铜文明特展

展览时间：2021年9月28日至2022年1月3日

展览地点：四川博物院

在国家文物局、中共四川省委宣传部的指导下，在中国考古学会的大力支持下，四川博物院联合全国多家文博单位共同举办"山高水阔　长流天际——长江流域青铜文明特展"，献礼中国共产党百年华诞和中国现代考古学百年纪念。长江文化是中华文明最具代表性和影响力的主体文化之一，本次展览集结了10省48家文博单位，上起商代，下迄秦统一，以青铜器为主，包括金器、玉器、漆器在内共518件/套展品。以长江文化中极具开放、繁荣景象的青铜文明为背景，精选出文化内涵深厚、艺术审美独特的珍贵文物，集中展现出商周时期长江流域巴蜀、荆楚、吴越，既独具气质、风格各异，又相互交融、相互促进的文明气象，有助于认识长江流域青铜文明在中华民族历史长河中的地位和作用。

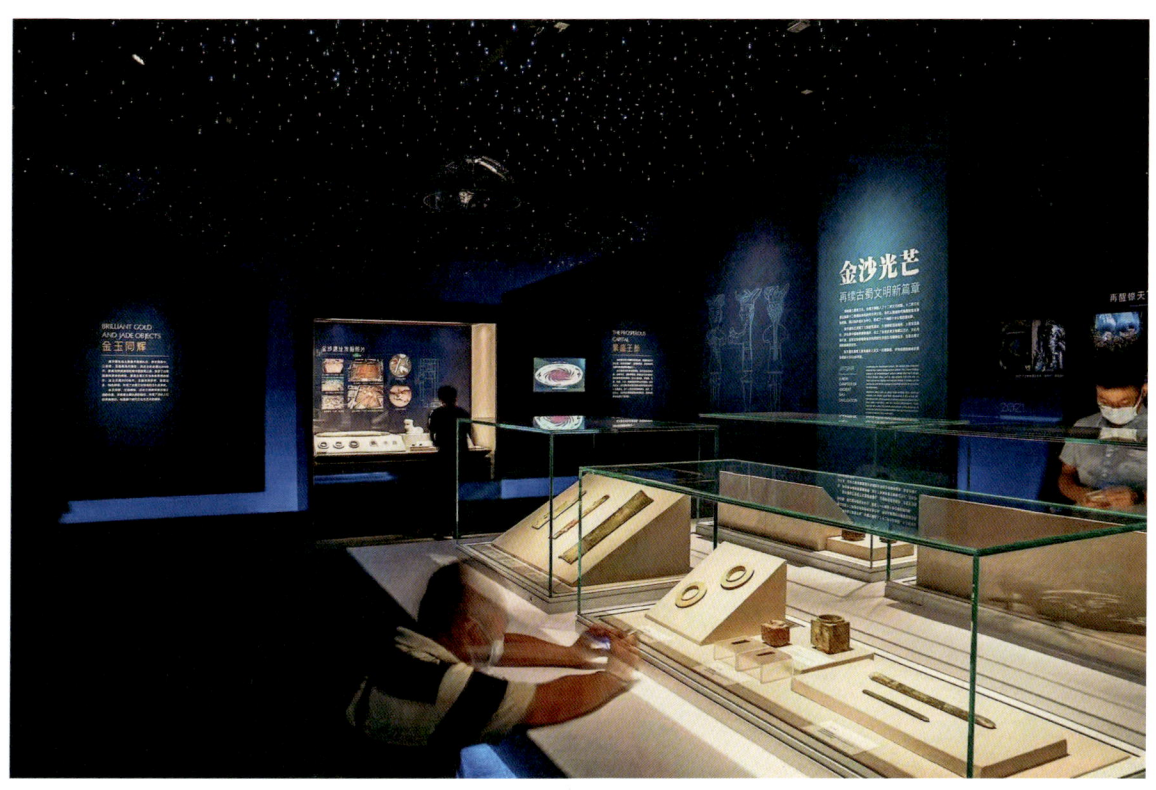

"山高水阔　长流天际——长江流域青铜文明特展"实景

"山高水阔　长流天际——长江流域青铜文明特展"实景

2021年金沙遗址博物馆输出展览一览表

序号	展览名称	主题	展品数量	合作单位	展览时间
1	"趣问金沙"绘画展	该展是一个社教绘画图版展,策展团队从历年游客朋友们提出的有关于金沙遗址及其文化内涵的疑问中,精选了20道最"奇怪"的问题,用Q版插画配上趣味问答,用浅显易懂的语言为广大青少年解谜。	20组	成都墨池书院小学	2021年3月3日至4月3日
2	诗意金沙——古蜀文化主题诗歌作品展	本次展览以众筹征集的诗歌作品为基础,集中展示了社会各界为古蜀金沙创作的诗歌作品,不仅呈现出公众对金沙文化的解读与感悟,更建立起古老文明与现代艺术之间链接的纽带。	30余组	新都博物馆	2021年5月18日至7月15日
3	古蜀之光:三星堆·金沙遗址出土文物大展	此次展览分别从"古蜀文化的基本概况""三星堆和金沙遗址出土的文物重器"以及"从现当代考古走进古蜀之地"三个部分讲述神秘的古蜀文化,再现了古蜀文明的繁盛和辉煌。	130余件/套	四川广汉三星堆博物馆、上海市奉贤区博物馆	2021年6月8日至8月31日
4	长江万里青——长江流域青铜器精品展	此次展览划分为"既田疾兵""设宴飨客""异彩华章"三个单元,以及精品文物展区"物华天宝",选取长江流域商周时期重要遗址的典型青铜器代表,再现长江流域高度发达的青铜文明与独特的艺术审美,实证长江流域和黄河流域同为中华文明的起源。	118件/套	湖北省博物馆、湖南省博物馆、盘龙城遗址博物院等	2021年6月11日至11月12日
5	人与神——神秘的古蜀文明	展览以古蜀王国两个最重要的遗址——三星堆遗址、金沙遗址出土的典型文物为载体,从古蜀先民的物质生活,到沟通天地的"巫"与祭祀,以及神秘多样的"神",勾勒出中国西南地区独具特色的古蜀历史文化的发展面貌。	139件/组	浙江省博物馆、四川广汉三星堆博物馆等	2021年9月17日至2022年1月4日
6	山高水阔 长流天际——长江流域青铜文明特展	本次展览以长江文化中极具开放、繁荣景象的青铜文明为背景,精选出文化内涵深厚、艺术审美独特的珍贵文物,集中展现出商周时期长江流域巴蜀、荆楚、吴越,既独具气质、风格各异,又相互交融、相互促进的文明气象。	518件/套	四川博物院、四川广汉三星堆博物馆等	2021年9月28日至2022年1月3日

宣传推广

PUBLICITY AND PROMOTION

综述

　　本年度，金沙遗址博物馆继续深度挖掘古蜀文化内涵，围绕馆内重大事件和主题特展，产出大量优质的图文内容和原创视频，提高金沙遗址博物馆在互联网上的曝光量。另外，灵活应用自媒体和大众媒体平台，积极开展直播、云观展等形式多样的宣传工作和口碑营销，策划执行多场线下跨界文化交流活动，全面宣传和推广金沙文化，丰富观众的参观体验，助力博物馆转型城市公共文化空间，让更多市民走进博物馆、爱上博物馆，让博物馆融入市民生活。

一、媒体报道

◎ 大众媒体宣传

全年媒体报道共计1800余篇（次）。

央级媒体报道34篇（次）。其中，CCTV-1《新闻联播》、CCTV-13《共同关注》、CCTV-3《中国文艺报道》、CCTV-13《新闻1+1》等电视报道14篇（次）；由馆长朱章义、副馆长王方等馆领导参与录制的专题节目，在CCTV-10《考古公开课》、CCTV-13《特别节目》上播出5篇（次），受到全国持续关注；在《中国文物报》《光明日报》《中国文化报》《中国新闻》等央级报纸上刊发报道15篇。

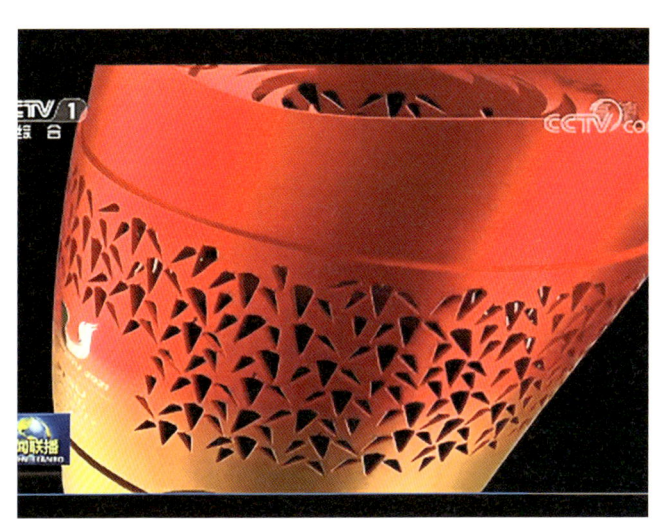

CCTV-1《新闻联播》：成都大运会火炬"蓉火"正式亮相

CCTV-10《考古公开课》——《解谜：三星堆》节目

CCTV-13《共同关注》：金牛贺岁闹新春·四川成都
看文物特展赏彩灯　彩灯盏盏贺新春

《中国新闻》报道　　　　　　　《中国文化报》报道

《中国文物报》报道

《中国日报》英文版报道　　　　　　　　　　　　　　　墨西哥"La Verdad"报道

全年外文报道29篇（次）（含境内境外媒体），与2020年相比，增幅约40%。除了《中国日报》英文版（CHINA DAILY）、中国国际电视台西班牙语频道（CGTN-Español）及社交媒体账号"CHINA PLUS NEWS"，境外主流媒体如墨西哥"La Verdad"，俄罗斯的"MOSCOW MEDIA""RUSSIA24""BEEz""LIVEDOOR"等均对金沙遗址博物馆做了专题报道。

俄罗斯"BEEz"报道　　　　　　　　　　　　　　　　俄罗斯"MOSCOW MEDIA"报道

省市级传统媒体报道172篇（次），其中报纸88篇、电视74篇（次）、杂志10篇。网站报道500余篇（次），新媒体报道1082篇（次），其中微信公众号360篇（次）、手机客户端722篇（次）。

全年接待媒体采访、拍摄85次，配合媒体完成新闻稿件采写、专题报道选题策划、视频节目脚本撰写等工作，最大限度地利用外部资源，为博物馆争取全量曝光。协助拍摄了《文博中华》《良渚文明》《三星堆：跨越千年的新对视》《博物馆说》等国家级文化类节目和纪录片，协助完成成都城市形象宣传片和大运会宣传片等省市级拍摄工作。其中，《文博中华》刚一上线，就获得腾讯视频纪录片频道首页推荐及重磅推荐，获得优酷视频纪录片频道首页推荐，同时斩获"上新榜"第二名。

《文博中华》视频截图

《博物馆说》视频截图

○ 自媒体

微信方面，本年度"金沙遗址博物馆"公众号共推送微信"头条"44篇（次），微信推文共140条，总阅读量53万，"头条"平均阅读量1.2万/条，恢复到疫情前的平均水平。"走进金沙"文章专辑已有20篇深度解读金沙文物的历史文章，阅读总量达23万+。

微博方面，截至2021年12月，粉丝数量为56.1万，相比2020年同期（42.54万）涨粉约31.88%。全年微博发布达1740条，阅读量6178.6万+，互动量12万+，发布原创视频100余条。根据新浪微博官方和铀媒数据统计，金沙遗址博物馆官方微博2021年4次上榜"全国文化政务微博影响力月榜TOP20"；在人民网舆情数据中心与新浪微博官方联合发布的《政务微博影响力报告》中，被选为"全国十大博物馆微博"；还被中国文物信息咨询中心和@微博文博评为"2021年度文博十大创新力官微"，这是金沙遗址博物馆第三次荣获该奖项。

新媒体方面，金沙遗址博物馆围绕传统节日、主题特展、特色文化活动等内容开展了50场直播，观看量达750万。另外，金沙遗址博物馆官方抖音号目前累积粉丝1.3万，2021年全年发布视频64条，播放总量超过226万。其中，短视频《三星堆遗址考古重大发现·为什么活生生把金沙金面具整哭了？》在抖音平台播放量达88.7万，点赞超过3000次，成为金沙遗址博物馆2021年的爆款视频。

◎ 口碑营销

充分利用小红书、抖音等平台开展口碑营销。全年定向组织历史科普类、亲子旅游类和时尚游玩类等KOL博主共计56人，在馆方的辅导下开展内容创作，推出观众视角打卡视频和图文1000余篇，相关话题曝光量超过905万，点赞量约22万。

在小红书平台上，金沙遗址博物馆"乌木林"已成为成都新晋小众网红拍照点，吸引了大量的年轻艺术类、时尚类观众来金沙拍照打卡。此外，微博话题"成都三环内藏着一片万年乌木林"登上了微博同城热搜榜，话题阅读量达306.8万。

二、年度重点宣传活动

◎ 开展"金沙遗址发现20周年"系列宣传活动

根据中共成都市委宣传部下发的《关于宣传金沙文化做好城市营销的宣传策划方案》，此次项目以学术研究为基础，围绕"中国考古百年系列活动之纪念金沙遗址发现20周年国际学术会议"，联合中国文物报、成都日报、成都商报以及锦观新闻客户端、红星新闻网等行业媒体进行深度内容报道，推出新闻快讯、专题页面、专家采访等报道近200篇。同时，面向大众，以《重走古蜀之路》《我与金沙20年》等具有带入性的报道选题来烘托舆论氛围。截至12月，活动话题"金沙遗址发现20周年"及子活动话题"发现太阳神鸟"总阅读量达3814万+，讨论量近9800条，近万名网友参与活动。

积极参与成都城市营销，促进观众互动参与话题讨论。如2月3日，发起线上活动"金沙冷知识"问答，吸引了上万名网友参与；2月8日，联动全国50余家文博机构开展"金沙遗址发现20周年·给金沙送祝福"线上派对；8月16日，发起线上随手拍活动"发现太阳神鸟"，获得新浪微博开屏画面推荐；9月16日，联合成都航空有限公司发起"金沙号"飞机机身涂装设计方案征集大赛；10月28日，"金沙号"喷涂方案出炉。

"发现太阳神鸟"活动海报　　　　　"金沙号"飞机机身涂装设计方案征集海报

◎ 配合三星堆发掘开展借势宣传

2021年，三星堆遗址启动新一轮发掘，吸引了国内主流媒体和观众的大量关注，作为与三星堆文明"同宗同源"的古蜀文明重要一环，金沙遗址博物馆积极配合中央广播电视总台及融媒体平台、上海广播电视台融媒体中心、上海文化广播影视集团等各级媒体，通过提供素材、联系采访、接待拍摄、联合策划等方式，争取更多的媒体曝光机会；另一方面，充分利用微博、抖音、微信等自媒体平台，快速反应、主动跟进，及时策划、产出一系列主题视频、海报及文字等新媒体内容，从而成功嫁接受众注意力，创造可观的流量。此过程也趁势强化了金沙与三星堆的关系解读，使公众形成关于古蜀文明双星品牌的固化联想。

以趣味短视频《三星堆遗址考古重大发现·为什么活生生把金沙金面具整哭了？》为例，在新浪微博平台，该条微博收获77万阅读量，视频播放量达36万，转赞评互动量超过1000。仅3月20日，三星堆遗址出土金面具当天，相关微博阅读量就突破379万。之后，又凭借"金沙遗址黄金面具错位图"成功出圈，单条微博阅读量超过810万，转赞评互动量达3.17万，最终登上微博热搜榜。

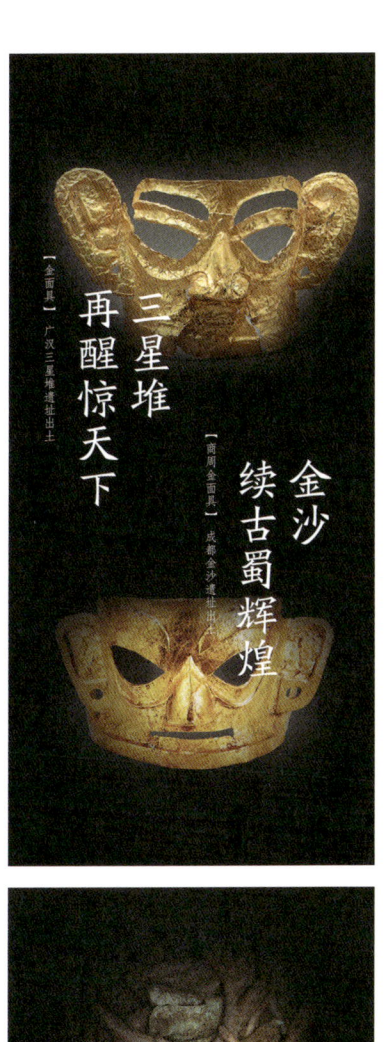

金沙遗址与三星堆遗址"同款文物"系列海报

◎ 围绕临展主题开展特色宣传活动

截至2021年12月31日,金沙遗址博物馆举办了13个临展,受疫情影响,均未举办展览开幕式。为了给展览制造热点,金沙遗址博物馆在常规展讯宣传、重点展品解读之外,通过举办剧本游、发布城市联动系列海报、开展口碑营销等方式,积极探索观展新方式,为各级媒体持续提供新闻热点。

在"七宝玲珑——来自喜马拉雅的艺术珍品"展览开展初期,为了适应后疫情时代的博物馆参观新常态,金沙遗址博物馆开发制作了线上展览小程序。该程序以内嵌于微信程序的H5页面为基础,为观众提供可持续、可更新、可交互、可分享的观展平台,勾画出展览的概况和全景。配合其他媒体宣传和馆内配套活动,展览最终入围"2021年内地与港澳文化和旅游交流重点项目"。

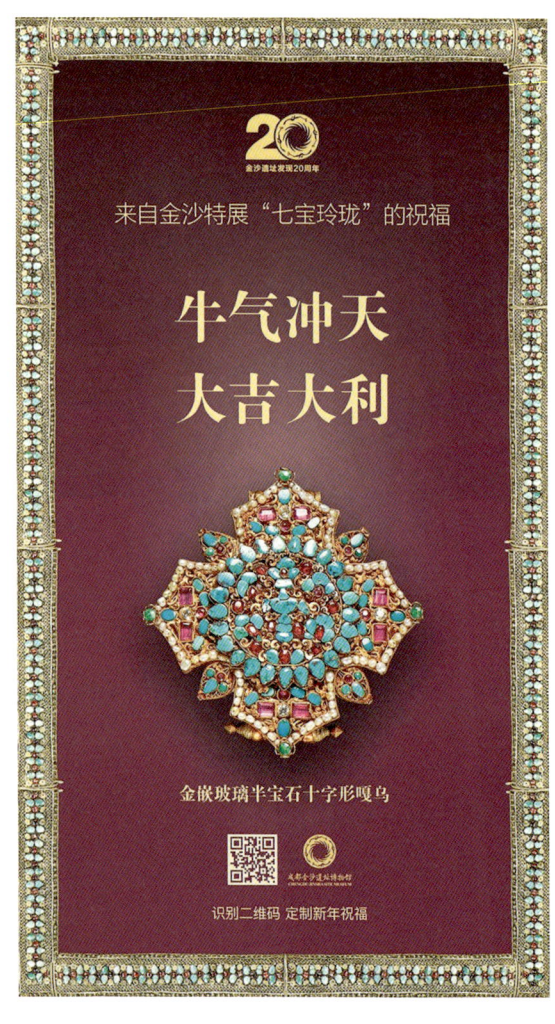

"七宝玲珑——来自喜马拉雅的艺术珍品"线上展览H5小程序二维码

"七宝玲珑——来自喜马拉雅的艺术珍品"线上展览新年祝福海报

"金沙之夜·回望长安"沉浸式剧本游海报

围绕"回望长安——陕西唐代文物精华展"主题，金沙遗址博物馆策划了省内博物馆首档沉浸式剧本游"金沙之夜·回望长安"，通过"展览陈列+角色扮演+剧情任务"的形式，游客可以近距离观赏文物珍宝，沉浸式体验唐朝的历史与文化。这种方式，不仅为观众提供具有沉浸感的深度观展体验，也助力博物馆完成了一次对公众服务和社会教育的全新尝试。该活动备受好评，观众参与积极性高，成都电视台对该活动进行了直播。

"金沙之夜·回望长安"活动现场

以"回望长安——陕西唐代文物精华展"主题为创作背景,设计城市联动系列海报之"李白很闲,你闲不闲?",以实景拍摄和海报设计的形式,讲述李白与成都、长安两座城市的渊源,用故事化的手法在更为宽广的历史背景下解读特展。

"李白很闲,你闲不闲?"系列海报

深度融入城市营销

基于金沙遗址出土"太阳神鸟"金饰所蕴含的生生不息的运动精神,金沙遗址博物馆积极嫁接成都第31届世界大学生夏季运动会相关宣传活动。如7月,协助中央电视台拍摄制作大型纪录片《大国建造》,探秘"太阳神鸟"如何"置顶"成都大运会主场馆——东安湖体育公园;8月31日,配合举办"成都2021年第31届世界大学生夏季运动会火炬发布活动";11月,协助成都大运会宣传处开展大运会火炬塔的设计解读和系列宣传。

成都第31届世界大学生夏季运动会火炬"蓉火"全球发布仪式

新年宣传活动

2021年2月8日是金沙遗址发现20周年纪念日。当天,金沙遗址博物馆在遗址发掘现场（现今的遗迹馆）召开了2021年新年发布会,并首次公布了包括春节期间六大展览在内的新年新计划。

2021年新年发布会现场

数字化建设
DIGITAL PROJECTS

综述

2021年,根据"智慧金沙"综合信息管理平台各系统的使用情况,金沙遗址博物馆对系统功能进行了优化,根据业务需要新建并运行讲解管理系统,使得全馆资源共建共享、业务精细化管理与无缝协同、提供创新且便捷的公众服务等目标的实现又上了一个新台阶。

在博物馆广泛应用新技术的形势下,金沙遗址博物馆持续探索智慧化公众服务的方式与内容,如别出心裁的云展览、广受好评的一体化线上服务,以及结合遗址和文物数字资源的活态化展示等,为观众持续带来高品质的智慧融合观展体验。

一、量体裁衣，持续优化"智慧金沙"综合信息管理平台

"智慧金沙"综合信息管理平台目前已集成以协同办公、项目管理、内控管理、藏品管理、数字资源、文物三维自动建模、运行指标填报、会员管理、志愿者管理等业务系统为主的一站式工作门户，通过"钉钉"的二次定制开发实现移动端办公，并通过文物数字化保护应用总线，完成系统、数据、业务融合的目标。经统计，2021年新增会员人数5127人，总计会员人数18965人；数字资源系统上传资源共计6341条，共计67.73G；图书资料管理系统录入图书与期刊共计10414册；志愿者管理系统共登记志愿者1441名，管理正式志愿者46人，小小讲解员56人。使用过程中，根据各业务部门的使用习惯和操作流程，优化系统显示配置和响应速度，并删繁就简、查漏补缺。其中，综合门户提供了更多的信息和查询方式，资源上传与下载过程更加流畅清晰；打通了与藏品、票务、数字资源、会员、志愿者系统的数据接口，将核心业务数据统计可视化，业务人员可快捷查询；志愿者系统新增排班、打卡、考试预约等功能，让使用更加方便；会员管理系统简化活动预约流程，功能更加合理，界面更加友好，活动报名可一键直达，效率大幅提升，观众反馈良好。

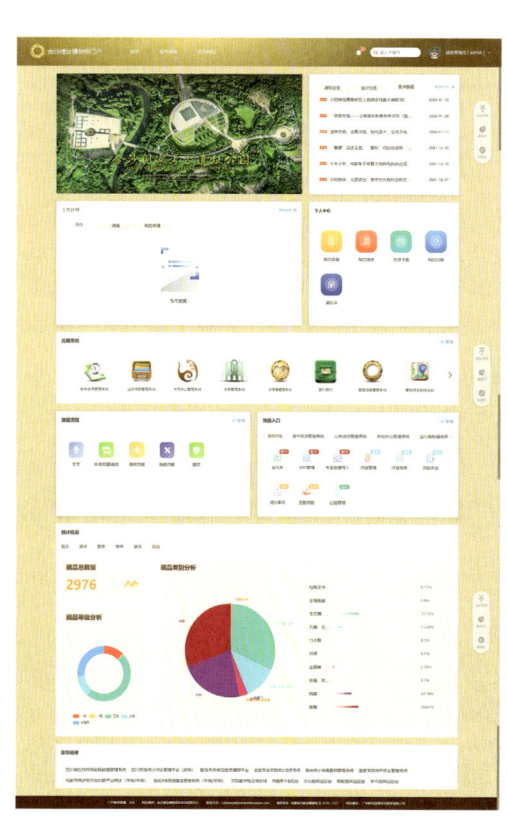

综合信息管理平台门户界面

二、聚焦观众服务，新建讲解管理系统

从观众的实际需求和博物馆日常业务职能双重角度出发，对覆盖观众参观"前—中—后"全流程的讲解服务体系进行改造升级，新建讲解管理系统，使观众借还讲解设备更加便捷，促

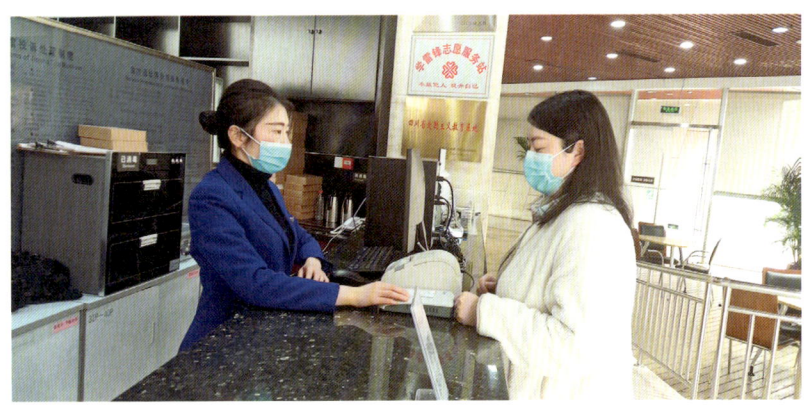

工作人员现场使用讲解租赁管理系统

进博物馆讲解服务工作质量的提升。同时，该系统应用也改变了博物馆对讲解员和讲解服务工作的管理模式，实现了讲解服务相关数据的自动统计和科学分析。

三、开拓创新，探索多样化的线上展览与服务

丰富临时展览的线上观展形式，在"云观展平台—线上展览"推出"如果长安是首诗"线上展，从浪漫的唐代诗歌出发，对"回望长安——陕西唐代文物精华展"线下展览的展示内容进行重新梳理整合，并提炼主题进行再创作、设计及制作。此次线上展原创绘制八个动画场

"如果长安是首诗"线上展览

景,将文物置于叙事场景中,以更加直观的方式讲述文物背后的故事。同时,展览应用多图层营造景深效果,在滑动屏幕观展时,观众得到沉浸式的参观体验,并可借助"重要热点"按键查看图、文、音视频等丰富内容,展览上线后获得12158人次访问量,广受好评。

配合"天下大足——大足石刻的发现与传承""七宝玲珑——来自喜马拉雅的艺术珍品""回望长安——陕西唐代文物精华展",完成微信精品语音导览、官方网站专题页面、360度全景导览、展览视频等线上内容制作。同时,利用云观展平台回放学术讲座和观展直播,全方位、多角度地对展览进行线上宣传与推广。其中,微信语音导览系统使用量共计12万人次,自助导览服务驿站使用人次共计2万人次,云观展平台访问量34万人次,多语种微服务平台访问量14万人次。

"七宝玲珑——来自喜马拉雅的艺术珍品"展览观众调查问卷触摸屏界面

"回望长安——陕西唐代文物精华展"360度全景照片

配合"七宝玲珑——来自喜马拉雅的艺术珍品",制作线上问卷调查系统,在触摸屏上设计15个互动问题,让观众在观赏和互动中参与问卷填写,大大提升了观众调查的参与度,共收集2274份问卷,形成数据分析报告,为进一步了解观众对于展陈方式、展览内容、配套活动等方面的满意度提供了支撑,这也是线上观众调查系统的一次成功尝试。

四、活化利用,助力古蜀文明多元化传播

在金沙遗址博物馆遗迹馆设置智慧导览知识驿站、"考古时空门""金沙祭祀"沉浸式体验项目,开放后备受游客喜爱。可漫游、可交互的虚拟考古场景,让游客感受到了穿越时空的魅力,图文并茂、寓教于乐的多维体验,也在一定程度上满足了观众对考古知识的渴求。完成相关硬件设备的定期检查、清洗、除尘、保养,即时排除故障等工作,为观众的良好体验保驾护航。

同时,为充分展示和利用智慧金沙建设成果及相关数字化内容,以馆藏数字资源输出的形式参与"跟着屏保游中国"重要项目,该项目于2021年10月启动第一次资源投放,合计曝光

"回望长安——陕西唐代文物精华展"屏保

"考古时空门"展示

14.2亿次，页面点击116.35万次，其中页面打开浏览26.98万次，打开率23.19%。此外，应用遗迹馆"考古时空门"的形式与内容，作为成都市文化广电旅游局等单位主办的2021年成都新经济"双千"发布会产业功能区多维消费场景专场的代表性案例成功落地宽窄巷子。在现场搭建沉浸式体验空间，对内容进行适配，使观众可以在此畅游金沙遗址，并通过手柄互动，在公共文化空间和旅游景点让更多观众认知考古文化及古蜀祭祀文化。

2021年，金沙智慧化系统被初步遴选为《中国大百科全书·博物馆信息学卷》（暂定名）的示范案例，完成了智慧博物馆建设案例、数字资源管理系统案例、智慧导览系统案例及藏品信息管理系统案例的编写。以此为契机，金沙遗址博物馆将继续坚持贯彻"多元一体、系统融合和业务协同"的理念，持续优化提升信息化、智慧化水平，力求文物数字化保护能力更强、精细化管理水平更高、公众服务方式更优，以活态化文物数字资源应用为基石，充分发挥博物馆文化传播的重要职能，促进金沙文化的传承与弘扬。

文创产业
CULTURAL CREATIVE ACTIVITIES AND INDUSTRIES

综述

2021年，金沙文创以金沙遗址博物馆馆藏文物精品作为创意设计的基础，坚持传统文化与时尚、实用、大众化相结合的设计理念，开发出一系列蕴含古蜀金沙文化内涵的创意新品，借助多种新颖活泼的形式让文物"活"起来，帮助观众实现"把博物馆带回家"的美好愿景。此外，金沙遗址博物馆积极拓展各种销售路径，多渠道展销金沙文创产品，在不断开拓创新的同时，紧跟时代步伐，精准把握文化产业发展的新方向，再创销售新高。

一、文创产品研发

2021年,金沙遗址博物馆继续研发饱含文化性、创意性和实用性的新品共计536款,全年文创产品销售额达1092.84万元,较2020年同期增长127.8%。其中以金沙遗址出土的"大金面具"和"铜立人"等文化元素为创意源泉,设计制作的"像素金沙"系列、"金沙宝贝棒棒糖"系列、雪糕系列、"金沙星月"月饼、金沙数字文创藏品等文创产品深受游客喜爱:"像素金沙"首发100个,一周内销售一空;"金沙宝贝棒棒糖"全年累计销售1.17万个,销售额达13.77万元;"大金面具""铜立人""蓉城三千年"雪糕因造型精美、口感独特成为畅销产品,全年累计销售1.95万个,销售额达38.94万元;"金沙星月"文创月饼于中秋节前推出,1000套产品投放市场,在一个月内销售一空,销售额为23.83万元。2021年金沙文创首次试水"数字文创藏品",即以金沙遗址出土的"大金面具""太阳神鸟"金饰、石虎、铜立人等文物为原型,创意推出4款共计4万份的"金沙数字文创藏品"产品一经投放市场,仅50秒全部售罄,销售额共计39.6万元,引发了社会强烈关注。

◎ "像素金沙"系列

该系列包括"像素金沙之太阳神鸟""像素金沙之大金面具""像素金沙之商周铜立人"共3款。

像素金沙之太阳神鸟:出土于金沙遗址的"太阳神鸟"金饰作为中国文化遗产标志和成都市形象标识,具有超高的辨识度。本品采用一块一块像素慢慢拼接还原的形式呈现,火红的太阳、芒饰和神鸟在光明中齐聚为一幅高清浮雕文物版画,该产品可装饰于家中、办公室或咖啡厅,大气美观又不失典雅。

像素金沙之大金面具:出土于金沙遗址祭祀区的"大金面具"作为古蜀文明的代表性器物,其方形面部、镂空大眼、三角鼻梁、宽大耳朵的形象,冷酷、严肃、神圣、帅气又高冷的气质,给古蜀文明蒙上了一层神秘的面纱。本品以红、黑色打底,将金黄色的浮雕面具置于正中,整个作品透露出庄严肃穆的氛围感。

像素金沙之商周铜立人:出土于金沙遗址的商周铜立人,身躯矮小精干,脸形瘦削,方下颌,大耳朵,耳垂下还有穿孔,与广汉三星堆遗址出土的青铜大立人非常相似。立人头戴有

"像素金沙"系列

十三道弧形齿饰的太阳帽，脑后垂下精心打理过的发辫，双手作握状，置于胸前，高高站立于插座上，极具三维感，是古蜀文化的代表性器物。作为一个萌化后的卡通形象，"像素金沙之商周铜立人"运用3D立体设计，突出铜立人的头部、五官、身姿和体态，拉近了观众与文物的距离。

◎ "金沙宝贝棒棒糖"系列

该系列共两类，一类是常规款，包括5款创意插画和5款经典文物，其中创意插画包括"黄金的宇宙，我的小小宇宙""月蟾与阳鸟""秋叶缀金沙""云曦""博物馆奇妙夜"；经典文物包括商周大金面具、商周铜立人、商周铜牛首、商周太阳神鸟金饰、商周铜鸟。另一类是壬寅虎年新年款，该款借助中国传统剪纸艺术将岁寒三友和金沙石虎巧妙地绘制在一根棒棒糖上，寓意喜庆祥和、甜蜜加倍。

"金沙宝贝棒棒糖"系列

◎ 雪糕系列

该系列共三款。其中，以金沙遗址出土的大金面具为原型设计制作的"大金面具"雪糕，其眉型、鼻子、下巴、耳朵、嘴巴等各个细节都力求真实，金黄色的雪糕配色也将面具质感充分地展现出来，整体感觉精致诱人。"铜立人"雪糕在铜立人的设计基础上加入了"大金面具"，使雪糕整体呈现出萌态可掬的人物形象。"蓉城三千年"雪糕在造型上采用芙蓉花花瓣形式，外层花瓣舒展，内层花瓣微卷，花瓣正中为"太阳神鸟"，雪糕整体感觉雅致富丽、袖珍而精致。

"大金面具"雪糕

"蓉城三千年"雪糕

"铜立人"雪糕

◎ "金沙星月"月饼

该月饼以浩瀚宇宙为灵感，"复刻"了金沙遗址出土的铜人形器、"太阳神鸟"金饰、蛙形金箔、黄金面具和陶瓮等6件文物形象，并以6种文物图案对应清新蔓越莓、柠檬绿茶、芋泥

"金沙星月"文创月饼

芝士、海盐荔枝、蛋黄纯莲蓉、香辣小龙虾6种口味。月饼礼盒采用深邃的星空蓝为主色调，带给观众置身太空中穿梭漫游、尽览浩瀚星夜的独特视角。礼盒中还创新性融入了考古盲盒，让观众在吃月饼的同时体验考古。

◎ 金沙数字文创藏品

有"浮面""白藏之衣""虎虎生威""福泽满天"共计4款产品。

浮面：画面正中为浮出水面的大金面具在东升的旭日照耀下金光熠熠，散发出神秘诡谲、端正宁肃之感。海面之上映衬出大金面具的倒影，一只仙鹤昂首站立，展翅欲飞，伴随着金色丝带和五色气泡，整个画面唯美浪漫，构造出一个以仙鹤视角看古蜀文明的故事画面。

白藏之衣：按五色学说，秋色为白，秋又为收获储藏季节，故称"白藏"。该作品以"太阳神鸟"金饰为创作灵感，将文物自身的金色与代表秋收季节的黄色相结合，创作出一幅代表"圆满""丰收"等美好寓意的画作。

虎虎生威：以金沙遗址出土商周石虎为主要设计对象，融入大象、梅花鹿、植物等元素，展现古蜀人崇尚自然、信奉万物有灵的精神信仰，寄托自然万物和谐共生的美好愿景。

福泽满天：该作品立足于还原铜立人真实状态的愿望，即推测身着长袍、腰佩短仗、头戴太阳冠、神情威严肃穆的铜立人可能是手持象牙在进行某种祭祀礼仪。围绕在铜立人身边的粮食长势正好，代表古蜀人正通过祭祀表达对上天孕育万物的感恩之心，并祈求风调雨顺，国泰民安。

二、文创宣传

自2019年"金沙文创服务"微信订阅号和"金沙遗址博物馆文创服务"微博号正式运营以来，效果良好。2021年，金沙遗址博物馆又新增开通了"金沙文创服务"抖音号、"金沙文创服务"今日头条号，并逐渐开始运营。截至12月底，全年全网累计涨粉千余人，粉丝数量累计达到了5000余人，平台发布文章和信息超过550余篇（条），其中微博、微信作为主要

金沙数字文创藏品

的线上宣传平台，微博全年累计发布100余条，微信公众号全年累计发布50余条，阅读量超过35万，视频发布累计播放量达2万。

2021年，金沙文创在平台运营期间增加了与金沙遗址博物馆官方微信、微博、抖音等新媒体的互动，累计阅读量超过550万，并先后与中央电视台、新华社、中国新闻社、中国文物报、四川电视台以及成都商报等媒体合作，对金沙文创进行广泛深入的宣传。

三、文创展示与交流

积极参加线上线下知名文创展会活动共计14个，包含"年画复活计划"新春主题活动、成都天府国际机场文博空间、上海市奉贤区博物馆"古蜀之光：三星堆·金沙遗址出土文物大展"、2021成都新经济"双千"发布会、金阳路特色商业街区开街仪式、第八届成都创意设计

周、湖北盘龙城遗址博物馆"长江万里青——长江流域青铜器精品展"、浙江省博物馆"人与神——神秘的古蜀文明"展、"之间味道"冰淇淋快闪店、第十七届中国（深圳）国际文化产业博览交易会、第十三届中国音乐金钟奖颁奖典礼暨闭幕式等。

◎ "年画复活计划"新春主题活动

1月，金沙遗址博物馆与凯德天府购物商场联合打造了牛年新春主题活动——"年画复活计划"，将铜牛首、太阳神鸟、黄金面具、金人面形器等观众熟知的金沙文物元素融入商区，营造独特而富有文化内涵的新春氛围。除了对文物形象进行艺术化展示，该活动还专门设置了一处互动展墙，观众拉开挡板，即可看到有关金沙遗址的知识问答，如"金沙遗址有哪些珍贵文物""关于古蜀国的六个谜题"等，增强观众的参与性和互动性。

"年画复活计划"活动现场

◎ 成都天府国际机场文博空间

3月，为共同做好成都天府国际机场文博空间建设及展览展示等工作，四川博物院、广汉三星堆博物馆、成都博物馆、成都武侯祠博物馆、成都杜甫草堂博物馆、成都金沙遗址博物馆、成都永陵博物馆共同组建了"成都天府国际机场文博空间项目联合体"，该联合体将功能定位为"巴蜀人文首站体验，天府之国文博之窗"，旨在打造一个充分融入"地域感"的城市形象空间和展示国家文化艺术实力的动态博物馆。

金沙遗址博物馆选取了红木铜盘、金沙套件、太阳神鸟徽章、太阳神鸟车挂、双耳面具杯、太阳神鸟芙蓉品茗杯饮具礼盒、双耳面具迷你杯·对杯礼盒、太阳神鸟铜章马克杯、太阳神鸟冰箱贴、日月星辰书签共计10款产品参展。

金沙文创在成都天府国际机场文博空间展示

红木铜盘

金沙套件

太阳神鸟徽章

太阳神鸟车挂

◎ 上海市奉贤区博物馆文创展示

6月8日至8月31日，金沙文创随金沙遗址博物馆馆藏文物到上海市奉贤区博物馆参加"古蜀之光：三星堆·金沙遗址出土文物大展"。此次展览精心挑选了11个系列共73款文创产品参展，包括金沙双耳面具杯、"太阳神鸟"芙蓉品茗杯饮具礼盒等杯子系列，神秘古蜀书签、日月星辰书签系列，面具金属冰箱贴、木质圆形多层冰箱贴系列，大金面具徽章、人形铜器徽章系列，金沙集萃书签尺、权仕在握直尺系列，金沙兽面纹、鸟鱼剑纹纸胶带系列，"太阳神鸟"星座A4文件夹系列，金沙经典文物明信片、便签本、金沙钢笔套装等书写系列，鱼形金箔饰耳环、金面具耳环等饰品系列，太阳花珠宝收纳盒、太阳纹珠宝收纳盒等家居用品系列，金沙拾贝摆件、铜立人玻璃水晶摆件系列。此外，还有车载扩香木香薰套装、金沙印记火漆章套装、锦绣之灵·天地方圆乾坤转盘等文创新品。此次文创产品累计销售额达51万元，在另一个维度上推动了古蜀金沙文化的传播。

上海市奉贤区博物馆的金沙文创展示

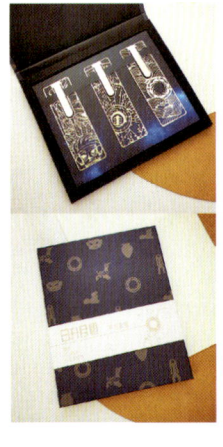

书签系列

摆件系列

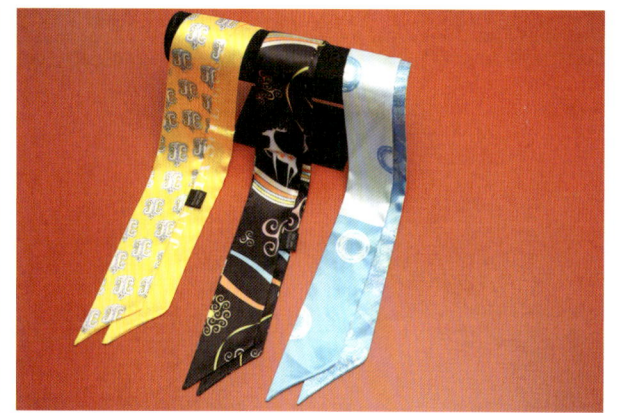

饰品系列

◎ 2021成都新经济"双千"发布会

7月26日，由成都市文化广电旅游局、成都市新经济发展委员会、青羊区人民政府、成都市发展和改革委员会主办的"2021成都新经济'双千'发布会"在宽窄巷子东广场开幕，该活动以"成都新文旅，多维新消费"为主题，打造产业功能区多维消费场景。金沙遗址博物馆受邀参展，展位位于文博艺术场景区，展览依托虚拟现实技术对

2021成都新经济"双千"发布会现场

金沙遗址重点遗迹进行复原和重建，再现祭祀区发现、发掘过程，同时将具有金沙代表性元素的文创产品在现场进行了展示。展示的创意产品包括玉琮银制水晶项链、双耳面具杯之金面国王、黄金神祇杯、双耳面具迷你杯·对杯礼盒、呜噜噜手办、祭司秘语三阶魔方、金沙神奇宇宙镂空书签、金蛙环日利东方镂空书签、金沙小王子摆件、太阳花首饰盒、太阳纹首饰盒共计11款产品。

金沙小王子摆件

玉琮银制水晶项链

太阳花首饰盒

太阳纹首饰盒

◎ 金阳路特色商业街区开街仪式

9月30日,由青羊区商务局、金沙街道办事处主办的"金阳路特色商业街区开街仪式"在成都市青羊区金阳路开幕。金阳路毗邻金沙遗址博物馆,通过打造特色街区的方式将传统街道与历史文化地标有机融合,有利于塑造人文价值鲜明、商业功能融合的消费新空间。此次活动以"'金'朝有集,千载淘金"为主题,以文商旅体娱休闲生活场景为主线,以古蜀文化、特色美食、智慧服务贯穿东西,为市民及游客带来全方位多元化的消费升级体验。开街仪式当天,金沙遗址博物馆挑选出近40款具有金沙元素的文创产品到现场进行了展示。

"金阳路特色商业街区开街仪式"文创产品展示现场

双耳面具杯

芙蓉品茗杯

文件夹系列

◎ 第八届成都创意设计周

11月4日,由成都市人民政府主办的"第八届成都创意设计周"在成都世纪城新国际会展中心开幕,以"创意成都,美好生活"为主题,设置"未来设计馆""产业创意馆""生活美学馆"3大展馆,其中,产业创意馆以文旅发展、乡村振兴、文博产品为主导,旨在用创意设计优化生产性服务业产业结构,推动文创产业高质量发展。金沙遗址博物馆精选出包括双耳面具杯、呜噜噜手办、青铜立人玻璃水晶摆件、金沙积木、大金面具耳饰系列、日月星辰书签系列、太阳花首饰盒系列、金沙丝巾系列等共计22款文创产品参展。此次文创展示亦是一次跨界融合尝试,不仅传递了古蜀先民深邃的哲学思想、非凡的艺术创造力,也展现出古蜀先民和今日成都民众一如既往对美好生活的孜孜追求。

"第八届成都创意设计周"
文创产品展示现场

金沙丝巾系列　　　　　　　　　　　　　大金面具耳饰系列

四、知识产权保护与运营

　　金沙遗址博物馆对自主或参与研发的优秀文创产品设计进行了版权登记保护，近三年已累计登记150余件。在产品运营方面，金沙遗址博物馆加强与社会企业的深度合作，实现跨界营销，积极开展包括日常生活、珠宝首饰、动漫游戏、食品饮料等在内的文化创意产品销售，多渠道拓展金沙文创品牌。此外，积极推动金沙文创授权服务相关工作，实现古蜀金沙文化多业态融合发展。

◎ "太阳神鸟"商标合作

基于"立足成都、宣传成都、发展成都"的共同目标，金沙遗址博物馆与成都航空有限公司于7月15日签署战略框架协议，双方约定以"太阳神鸟"商标合作为基础，共同搭建成都城市空中形象展示平台，在商标运营、品牌宣传、文创开发及销售、人员交流和票务管理等方面展开深度合作。

与成都航空有限公司签署战略协议

公众服务
PUBLIC SERVICE

综述

金沙遗址博物馆作为公益类事业单位，始终坚持把"为人民服务"当作事业发展的核心目标，积极创新服务体系，充分发挥独一无二的考古遗址资源优势，丰富文化产品供给，满足人民群众多层次、立体化的精神文化需求，为推动社会主义文化大发展大繁荣、坚定文化自信做出积极贡献。

一、票务管理

金沙遗址博物馆在严格落实和执行疫情防控相关要求，执行提前预约、人员限流、实名入馆、体温监测等防控措施的基础上，优化门票预约和管理功能，全年共计接待观众108万人次，接待学生团队10861人次（61批次），较2020年同期增长104.76%。

◎ 门票管理

2021年，为优化门票预约及购买服务，金沙遗址博物馆支持微信、支付宝以及第三方平台网上购票，同时为做好疫情防控、保证公众的生命财产安全，按照"预约、限流和错峰"的要求，在省内文博系统率先实现了健康码、场所码和购票码三码合一，实时与四川省卫健委、大数据中心同步执行国家疫情防控相关工作，最大限度地保证游客入馆安全，有效提高门票管理质量。

◎ 门票惠民政策

对持有效证件6周岁（不含6周岁）至18周岁（含18周岁）的未成年人、全日制大学本科及以下学历学生个人参观实行门票半价优惠；对6周岁及以下（含6周岁）或身高1.3米以下（含1.3米）的儿童实行免票，由监护人凭票带领入馆（监护人不享受免票）；持有效证件的离休人员、现役军人、残疾人（含残疾军人）、公安干警、革命烈属、特级教师（校长）、60周岁以上（含60周岁）的老年人实行免票。对全日制学校组织学生（本科及以下学历）集体预约参观实行免票政策；带团（5人及以上）导游，凭导游证和旅行计划表享受门票免费政策。为保障传统文化惠及于民，继续执行"5·18"国际博物馆日观众免费参观博物馆的政策。2021年，接待免票游客共计64.9万人次，占总游客数的60%，比2020年同期增加114.74%。

◎ 票务服务

金沙遗址博物馆票务人员始终以服务好每一位入馆游客为工作宗旨，通过自我学习和集中培训、增强服务理念、规范服务行为、提高服务技巧等方式，在工作岗位上为游客提供真诚、负责、耐心的售票检票服务，积极充当好向导，提醒和督促游客测体温、戴口罩、保持1米以上的安全距离，帮助游客解决现场突发问题。此外，为保证公平的网络购票环境，票务人员定期和不定期监察OTA平台的售票价格等相关公示信息，监督相关平台落实整改群众反映的票务问题，为公众提供良好的购票环境。

二、讲解接待

2021年，金沙遗址博物馆通过开展多种形式的线上线下讲解培训和实施讲解管理系统建设，着力提升讲解员的业务能力及服务水平，优化讲解服务质量。全年累计完成政务、旅游团队、学生团体以及涉外接待等各类讲解接待任务总计9293批次，其中圆满完成一、二级接待各1次，完成新西兰驻华大使、巴基斯坦驻成都总领事、马其顿共和国驻华大使馆涉外接待3次，为游客提供公益讲解300余场。

◎ 加强专业设备管理，完善日常讲解服务

涉外讲解接待现场

为持续完善讲解服务体系，加强对各类讲解设备的管理，金沙遗址博物馆新购置了讲解设备，包含讲解发射器45台、讲解接收器756台、讲解员使用麦克风300支、接收器耳麦600支、换修讲解发射器和耳麦70余台，完成对已有讲解设备的清理及维修工作，确保了讲解服务体系的正常运转。

结合金沙遗址最新研究成果,金沙遗址博物馆讲解团队重新录制了免费官方微信和线上收费讲解,组织讲解员完成"七宝玲珑——来自喜马拉雅的艺术珍品""回望长安——陕西唐代文物精品展"等临时展览的讲解词撰写、微信导览录制及日常讲解工作,安排专职讲解员在临展厅为观众提供免费公益讲解300余场。10月,配合中央文明办在成都举办的"全国文明城市创建工作第二期培训班",组织讲解员制定了金沙遗址博物馆点位讲解方案及拟定讲解词,共接待来自全国各地近两百名的专家学者,圆满完成了金沙遗址博物馆点位教学任务,体现了成都文明城市创建的特色、亮点和创新做法。以上多种途径有效满足了公众对讲解服务的需求,讲解工作受到游客的普遍好评。

◎ 多渠道提供讲解服务,开辟公众服务新阵地

金沙遗址博物馆讲解团队在抖音、微信等多平台开展了形式丰富的线上活动,成为成都市首个将直播作为常态工作的博物馆讲解团队,全年累计在线观看人数近百万人次,点赞量近200万次。

为满足全国人民宅家也能畅游博物馆的意愿,金沙遗址博物馆开展了"云游金沙"线上讲解活动,每周在微博、抖音等官方平台开展多场直播,以现场文物及展品讲解、主题讲解、观众互动答疑等方式开展线上直播活动,直播内容涉及博物馆园林、生态保护、文物专题、文物保护及展陈设计等方面,广获好评。其中,微博官方平台直播活动近30场,观看人数近20万,点赞量近20万次;抖音官方平台直播活动100余场,在线观众达万余人次,点赞量近20万次。此外,由馆内选派讲解员策划录制的《金沙遗址考古发掘20周年——考古小知识》系列视频在抖音平台播放量近10万;"5·18"国际博物馆日,在喜马拉雅平台举办"博物馆奇妙之旅——金沙遗址博物馆直播活动",在线观看人数近35万。借助直播、视频录制等观众喜闻乐见的方式,金沙遗址博物馆以更加时尚、便捷、经济的方式走进各地观众眼中,观众足不出户便可以领略古蜀文明与金沙文化的魅力。

◎ 完善讲解员队伍建设,做好讲解接待工作

2021年,金沙遗址博物馆继续加强讲解员队伍的建设与管理,认真落实讲解员招聘、讲解员培训、讲解接待、考勤管理及考核定级等各项工作,面向社会公开进行讲解员招聘,共有6名新讲解员经过培训上岗讲解。

在讲解员培训工作方面,金沙遗址博物馆讲解管理团队拟定业务培训计划,邀请馆内工作

抖音直播讲解活动

人员就"金沙土遗址的保护""博物馆多媒体设备""特展展前培训"等主题开设知识讲座及现场培训，组织讲解员收看"三星堆考古新发现"电视节目、参与线上讲解员培训班公益课程等，开展"商周饮食文化""古代乐器"等知识分享活动。此外，还组织讲解员到四川博物院、成都武侯祠博物馆、广汉三星堆博物馆等单位进行参观学习，全面提升讲解员的业务能力及服务水平。

讲解培训及考核现场

◎ 拓宽交流渠道，搭建资源共享合作平台

2021年，本着进一步加强博物馆与社会公众的联系、研究把握博物馆传媒规律、搭建资源共享平台的合作理念，金沙遗址博物馆与四川传媒学院签订了合作框架协议，并组织讲解员对四川传媒学院学生开展了多种形式的培训工作，包括制定讲解词、模拟讲解路线、现场教学、作品拍摄、作品剪辑等，让学生感受历史熏陶、吸收文化知识，助力古蜀文明传播。

为贯彻落实《四川省教育厅等14部门关于进一步推进中小学生研学旅行实践工作的实施意见》（川教〔2021〕63号），充分发挥"社会大课堂"在青少年健康成长过程中的重要作用，推进素质教育向纵深发展，进一步拓展青少年视野，12月，与广汉

培训会现场

三星堆博物馆联合策划实施了"成德眉资同城化——金沙、三星堆青少年科考教育活动"。金沙遗址博物馆为此次活动还策划并组织了丰富多彩的配套活动，包括举办专家讲座、观摩4D电影《梦回金沙》，以及为青少年量身打造近距离观察、探究金沙遗址博物馆馆藏文物等实践活动。成都市、德阳市青少年及家长约150人参与了活动，大家纷纷表示该系列活动通过让青少年走进博物馆、了解古蜀文明，丰富了他们的课余文化生活，也激励着他们继承和弘扬中华优秀传统文化，培养了文化自信和民族自豪感。

四川传媒学院学生现场讲解培训

成德眉资同城化——金沙、三星堆青少年科考教育活动现场

三、社会教育活动

金沙遗址博物馆作为"国家一级博物馆""全国中小学生研学实践教育基地",以及四川省、成都市爱国主义教育基地,采用线上线下相结合、多媒体传播等切实可行的方式和手段,积极开展各类社会教育活动,丰富博物馆受众的精神文化生活。全年累计开展社教课程及研学实践活动423场,创编《寻觅古蜀金沙》《小金课堂》《志在金沙》学习资料3类,活动参与人次达2万以上,使青少年充分享受课堂之外的优质教育服务的同时,让中华优秀历史文化浸润广大青少年的心灵,坚定社会文化自信。

◎ "我来金沙讲堂课",践行"第二课堂"使命

6月11日,在"中国文化和自然遗产日"来临之际,由金沙遗址博物馆、成都市教育科学研究院主办的"我来金沙讲堂课"主题活动在金沙遗址博物馆遗迹馆举行。从成都市23个区(市)县脱颖而出的8名优秀历史老师将考古遗址变为教学课堂,生动讲述了3000年前古蜀金沙的传奇历史。本次赛课活动一改"博物馆到校授课"或"学生到馆参观"的传统模式,创新性地将课堂"搬"进了博物馆,让博物馆的历史资源与中学历史教育体系有机融合贯通,拓宽了历史教学课堂的知识场景、教学体验与教育空间。

"我来金沙讲堂课"活动现场

◎ 蓉港携手的金沙云观展,文化惠及香港地区

在习近平新时代中国特色社会主义思想的指导下,为支持港澳地区更好融入国家发展大局,增强港澳同胞的国家意识和爱国精神,在充分考虑香港地区青少年的特点及文化需求的基础上,围绕爱国主义和金沙文化,金沙遗址博物馆策划并开展了"蓉港携手·云游金沙"系列活动,通过手机直播的镜头带领香港地区的师生及长者学苑的老人们参观金沙遗址博物馆、广汉三星堆博物馆。由浅入深地让香港同胞们充分领略古蜀地区的生活之美、文化之美、信仰之美,感受中华文明的博大精深,浸润中华民族的民族气节,强化身为中国人的自豪感和认同感。该系列活动累计开展3场,1000余名香港同胞观看了直播并积极参与互动,获得广泛好评。

"蓉港携手·云游金沙"活动现场

◎ 多元一体的"金沙云课堂",随看随学零距离

博物馆一直被誉为学校的"第二课堂"。金沙遗址博物馆坚持围绕爱国主义精神和中华优秀传统文化教育,针对不同年龄段青少年的特点和文化需求,积极开展"金沙云课堂"系列线上教育活动,打破传统博物馆教育的时间、空间限制,真正实现让广大观众"第一时间""足不出户"便可享受博物馆教育成果。2021年,通过线上直播的方式,累计开展"金沙云课堂"系列活动4场,总计3968人参与其中。

"金沙云课堂"线上直播现场

◎ 寓教于乐的"玩转金沙"系列活动,实现启发式教学

古朴而充满童趣的金沙青少年教育体验区一直都是青少年们学习、娱乐的殿堂。2021年,金沙遗址博物馆积极围绕金沙文化主题创新教学设计、优化课程品质,开展体验式、互动式文

"玩转金沙"活动现场

化活动，帮助青少年深入学习古蜀金沙文化，创新推出"2021金沙日历填色""沉淀之美·考古中的艺术""神祇——金面具""太阳王国——金沙闪耀中国"等"玩转金沙"系列8大主题课程，全年累计开展活动71场，总计5149人参与其中。

◎ 精彩纷呈的沉浸式观展主题活动，展现多元教育魅力

为增强"回望长安——陕西唐代文物精华展"的延伸性、互动性、趣味性，拉近青少年群体与展览的距离，金沙遗址博物馆策划开展了"舌尖上的唐朝""我在唐朝组乐队""唐诗里

"回望长安"沉浸式观展主题社教活动现场

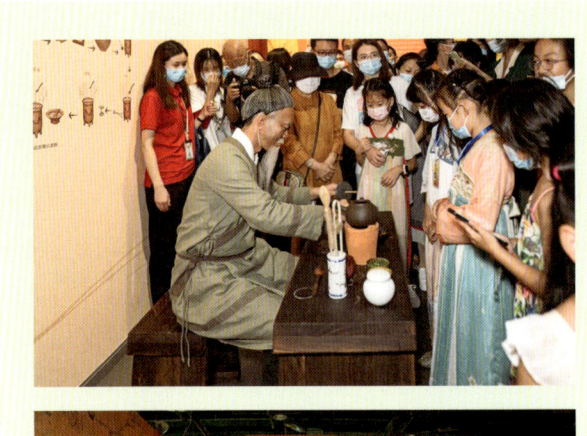

"回望长安"沉浸式观展主题社教活动现场

看长安"等"回望长安"九大沉浸式观展主题社教活动,由4名讲解员、1名社教人员、1名志愿者,以及4名平均年龄仅9岁的小小讲解员组成表演团队,以"导游"唐知许的讲述为主线,通过故事演绎、场景表演、现场互动等生动形式,再现唐朝人的衣食住行。该活动累计开展12场,共计2755人参与其中。

◎ 馆校携手的文化之约,实现开放式文化共享

为积极响应教育部、国家文物局的号召,进一步健全博物馆与中小学校合作机制,促进博物馆资源融入教育体系,提升博物馆资源利用水平,金沙遗址博物馆自2013年启动"金沙文化

"金沙文化进校园"活动现场

进校园"系列活动，随后每年都会带着新课题、新内容走进各中小学校。2021年，金沙遗址博物馆继续与成都市金沙小学、成都墨池书院小学、天府第四中学、成都市特殊教育学校等馆校深度合作，共同策划开展了精彩的"金沙文化进校园"系列主题活动，全年累计开展68场，共计2912人参与其中。

四川大学文物与博物馆学专业实习启动会现场

为促进博物馆与高校在人才培养方面的良性对接，进一步落实馆校人才培养计划，加强学科专业建设，强化高素质人才储备，10月8日至12月30日，金沙遗址博物馆接收来自四川大学考古文博学院文物与博物馆学专业的实习生共6人，包括研究生5人、本科生1人。结合各实习生的专业方向，博物馆为实习生提供了六个工作岗位，并指派业务指导老师对学生进行一对一的帮助与辅导，跟踪检查实习工作计划的实施情况及效果，及时有效调整，有力保障和提高了实习成效。

◎ 创设经典品牌教育项目，培养青少年文化自信

2021年春季，金沙遗址博物馆面向社会公开招募8-12岁的学生，通过讲解专业技能、历史知识、仪态礼仪等6个方面的培训，最终60名学生通过考核，成为2021年金沙暑期小小讲解员。受疫情影响，本年度暑期小小讲解员累计服务1446人次，共720小时。

为提升博物馆国际化服务水平，金沙遗址博物馆从金沙常规小小讲解员团队选拔出24名优秀小小讲解员进行了"金沙双语小小讲解员"培训，围绕金沙遗址出土"太阳神鸟"金饰、青铜立人等馆藏精品文物，开展专业的中英文双语讲解培训，通过英语发音的语音语调学习、讲解技巧实践等课程，金沙小小讲解员们不仅解锁了英文讲解技能，还深入学习了金沙文化，感受到古蜀文明的独特魅力，成为宣传中华文明的小使者。2021年，常规小小讲解员累计服务125人次，共250小时。

小小讲解员工作及合影

◎ 开展研学活动，助青少年开拓眼界长知识

2021年，金沙遗址博物馆策划开展了"古蜀寻踪""丝路长歌·敦煌研学""古蜀锦绣·丝路梦"天府蚕文化国际教育研学活动等，为金沙研学品牌项目注入了新活力，带领青少年儿童在行走中学习。

7月1日至4日，顺利开展"古蜀寻踪"研学活动，40名青少年随社教团队深入宝墩遗址、三星堆遗址、金沙遗址现场学习，去追寻古蜀文明发展的脉络。该活动充分汲取"古蜀寻根"文化研学活动经验，在课程品质、师资力量、路线设计上进行了优化升级。

7月11日至15日，开展"丝路长歌·敦煌研学"活动，带领25名青少年走进了甘肃省博物馆、敦煌博物院、榆林窟、莫高窟等文化胜地进行深入学习。

9月14日至15日，开展"古蜀锦绣·丝路梦"天府蚕文化国际教育研学活动，来自13个"一带一路"沿线国家和地区共计80名留学生参与了此次为期2天的研学活动。留学生们通过中文学习、文化探究、实地考察、动手实践等方式，了解神秘的古蜀国和蚕文化的起源，体验了养蚕缫丝工艺，学习了蜀锦和蜀绣文化知识，感受了蜀锦、蜀绣技艺，还亲自制作了属于自己的蜀绣、蚕茧画作品。

"古蜀寻踪"研学活动现场

"古蜀锦绣·丝路梦"天府蚕文化国际教育研学活动现场

"丝路长歌·敦煌研学"活动现场

◎ 趣味十足的假期特色活动，丰富青少年课余生活

"五一"劳动节主题活动：劳动节期间，金沙遗址博物馆策划开展了"太阳神鸟和它的朋友们""古蜀·权力的游戏""我为古蜀修文物"3场主题社教活动，让参与者通过历史课程、文物参观和实践活动等教学方式进行深入学习，牢牢掌握新知识。活动吸引了45组亲子家庭参与其中。

"五一"劳动节主题活动现场

"六一"儿童节主题活动：儿童节期间，金沙遗址博物馆社教团队紧紧围绕金沙遗址出土代表性文物——"太阳神鸟"金饰，策划开展了"太阳神鸟马赛克杯垫""太阳神鸟摆件DIY"等活动，吸引了100组亲子参与其中。

"六一"儿童节主题活动现场

端午节主题活动：为进一步提升国人文化自信，金沙遗址博物馆策划开展了"博物馆里的文化自信"系列讲座活动，特邀来自成都七中育才学校、成都石室天府中学、成都华风讲堂教育咨询有限公司等单位的叶德元、纪德奇、彭浒、徐世勤四位历史老师从"国""家""个人""亲子"四个层面，聚焦世界范围内的博物馆藏品，开展"博物馆里的文化自信"系列公益讲座。该活动累计开展5场，共吸引1850名亲子参与其中。

暑期特色活动：暑假期间，金沙遗址博物馆携手中国娃艺术教育工作室首创"金沙小小服装设计师"活动，为期4天的活动吸引了17名心灵手巧的孩子参与其中。参与活动的孩子们通过参观金沙遗址博物馆寻找创作灵感，最终选择以金器为主题，将金沙遗

端午节主题活动现场

暑期特色活动现场

址出土的金器与现代服饰设计相结合，利用金色锡箔纸在白色西装上打造出专属于自己的"金色记忆"。最终，孩子们创作出了17套独一无二的"金色记忆"服装。孩子们纷纷表示，该活动不仅让大家专题学习了金沙遗址出土金器的相关知识，还收获了服装设计师职业体验。

中秋节主题活动：中秋佳节期间，金沙遗址博物馆推出了以古蜀文明和金沙文化为主题的定制课程和系列手工创意活动。孩子们在家长的陪伴下主动探索古蜀人对太阳和月亮的崇拜，了解金沙陶器、金面具是如何修复和制作的。该活动累计开展2场，27名观众参与其中。

中秋节主题活动现场

国庆节主题活动：国庆节期间，金沙遗址博物馆策划了"古蜀穿越记""金沙小小科学家"2大系列活动，共140组亲子家庭参与其中。老师带领孩子们"穿越"回神秘的古蜀王国，从不同的角度学习关于古蜀国的知识，有趣有料的活动让孩子们度过了一个不一样的国庆假期。

国庆节主题活动现场

◎ 图文并茂的学习资料，实现互动式体验

为更好地记录金沙遗址博物馆社会教育工作以及志愿者工作，金沙遗址博物馆社教人员创编了《小金课堂》科普读物、《志在金沙》志愿者专刊、《寻秘古蜀金沙》AR读物，以图文并茂的形式全方位展示、回顾了金沙遗址博物馆社会教育工作以及志愿者的工作风采，为广大青少年儿童带去了一场别开生面的AR互动体验式阅读。

《志在金沙》志愿者专刊

《小金课堂》科普读物

《寻秘古蜀金沙》AR读物

四、志愿者服务

2021年，受疫情影响，金沙遗址博物馆志愿服务累计时长3709小时。其中，讲解组志愿者提供中文讲解200余场；翻译组志愿者翻译、校对文稿4万余字；服务组志愿者除完成馆内日常服务外，参与社教活动70余场，服

志愿者服务现场

务观众1500余人；视觉组志愿者拍摄照片1万余张，用于博物馆对外宣传与推广；外宣组志愿者管理"成都金沙遗址博物馆志愿者团队"微博账号，不定期对外进行古蜀文明宣传，取得了较好的社会效益。

◎ 志愿者招募

本着"因人设岗"的团队建设理念，金沙遗址博物馆不断完善志愿者管理制度、优化团队结构，通过严格的报名、面试、培训、见习和考核等程序，遴选出20名优秀志愿者进入博物馆服务岗位，实现了志愿者团队集中培训、带教培训、专题培训常态化。此次招募的博物馆志愿者中，讲解组大部分是高学历专业人士。得益于高层次人才的志愿服务，博物馆实现了常设展览的志愿讲解全覆盖，开拓"外文讲解、专题讲解和情景讲解"等多种免费讲解形式，从多个层面满足人民群众多元化的讲解需求。

志愿者岗前培训

志愿者考核现场

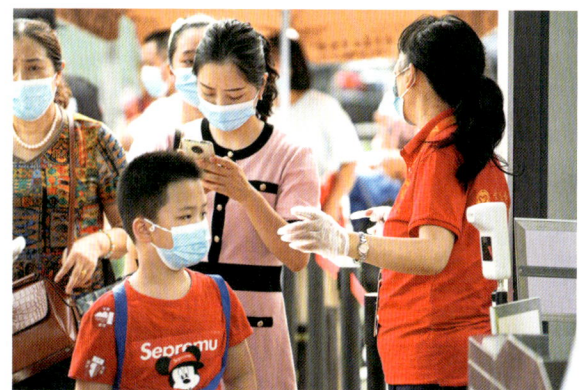

国庆节服务现场

◎ 国庆志愿服务

国庆长假期间，面对"爆发式"增长的观众和馆内检票人员人手不足的问题，42名志愿者积极投身一线，在博物馆各大门，为观众提供健康码检查、体温监测、信息登记、客流疏导、检票入馆、便民服务等各类志愿服务，累计服务超过345小时，共计服务观众1万4千余人次。

◎ "点点金沙"志愿服务

"点点金沙"志愿服务活动是专门针对社会弱势群体提供的文化教育志愿服务，旨在突出人文关怀、促进社会和谐。9月至10月，17名志愿者走进成都市特殊教育学校，根据该校2-6年级盲生、聋生的特征，制定和安排极具针对性的课程及教育活动。参与的盲生、聋生达115人次，活动取得良好效果。

成都市特殊教育学校志愿服务现场

◎ "飞进社区的太阳神鸟"志愿服务

7月，"飞进社区的太阳神鸟"志愿服务团队走进四川省广元市青川县乔庄镇中心小学校，以文化讲座的形式，给全校1-6年级共计52位小朋友带去了三千年前古蜀王国的故事，助力偏远山区孩子们的文化成长。此外，志愿者们还走进了青川县秦兴社区，通过建立博物馆与社区居民的联系，让博物馆"走出去"，使更多的社区居民感受和品味金沙文化。

走进青川县乔庄镇中心小学校

走进青川县秦兴社区

◎ "志愿者带您做文创"志愿服务

本着"文化惠民，服务群众"的宗旨，志愿者在周末、节假日期间与观众积极互动，开展"志愿者带您做文创"全龄友好活动，内容包括"太阳神鸟干花书签""我为金沙添色

"志愿者带您做文创"现场照片

彩""金沙印记滚拓体验"等手工创作类文化活动。该活动通过解读观众感兴趣的博物馆文化及文物故事，让观众更深刻地了解金沙文化，也可以更好地拉近博物馆与观众的距离，促进博物馆影响力的再传播。活动共计开展118场，参与观众达2482人次。

◎ "小志话天府"线上科普

该活动立足金沙遗址研究成果，以宣传古蜀文明、推广天府文化、传承历史文化为目标，音频主题涵盖了从三千年前金沙人的生活及精神世界，到三千年后成都人的现实生活等各方面。志愿者挑选出群众感兴趣的话题来录制相关科普音频，并将音频置于博物馆官方微信、微博上进行推广传播。截至2021年12月底，科普音频官方微博号阅读量超过14.2万，官方微信公众号点击量超过1.5万。

"小志话天府"录制音频现场

基层党建

PARTY BUILDING AT GRASSROOTS LEVEL

综述

2021年，金沙遗址博物馆党员、团员建设工作始终坚持不移地以习近平新时代中国特色社会主义思想为指导，紧扣庆祝中国共产党成立100周年暨党史学习教育活动，在上级党组织和各级主管部门的领导下，全面贯彻落实中共中央、四川省委、成都市委和成都市文化广电旅游局管党治党的各项决策部署，以围绕中心、服务大局、狠抓落实的意识和能力，着力推进古蜀文明保护传承工程和世界文化名城建设，为努力提高天府文化的国际影响力和美誉度，为"十四五"发展开好局、起好步提供坚实的政治保证。

一、党组织建设

◎ **推进基层组织规范管理和建设**

坚持党的一切工作到支部的鲜明导向,把筑牢组织根基作为长远之计和固本之策抓紧抓好。全年以党史学习教育活动为主线,采取专题学习、固定党日、个人自学相结合的方式,根据时间节点把握学习重点,把习近平总书记在党史学习教育动员大会上的重要讲话精神和4本指定学习材料作为"纲",做到学史明理、学史增信、学史崇德、学史力行,弘扬光荣传统、赓续红色血脉,不断增强"四个意识"、坚定"四个自信"、做到"两个维护"。坚决贯彻习近平新时代中国特色社会主义思想和党的十九大、十九届五中、六中全会精神,学习贯彻落实中国共产党四川省第十一届委员会第九次全体会议、中国共产党成都市第十三届委员会第九次全体会议精神的决策部署,在文旅融合共促发展、多元一体宏大源流的格局下,做好各项工作。严格落实"三会一课"制度,努力提高"三会一课"质量,确保有会议通知、会议纪要、工作信息,强化党员的教育、管理和监督,全年组织召开支委会12次,固定党日活动12次,专题学习会6次,党员大会4次,党员领导干部、党支部书记带头讲授专题党课7次,实现党总支委员之间、支部委员和党员之间、党员与党员之间交心谈心共47人次。

朱章义馆长向成都市文化广电旅游局系统7家单位宣讲十九届六中全会精神

坚持以组织建设为统领，牢牢把握党支部建设的根本方向，着力做好党员规范管理工作，实现党员日常管理规范化。及时利用全国党员管理系统对党员进行网上转接，及时核实党员身份信息，将党员编入党支部，对不及时转移组织关系的党员进行告知提醒，防止党员组织关系"挂空"，实现组织关系信息化转接，全年转出党员2名，转入党员2名。以《中国共产党党章》《中国共产党发展党员工作细则》为根本遵循，做好新时代党员发展工作，2021年新吸收预备党员2名，培养入党积极分子3人。严格落实党费收缴管理和使用规定，按时足额收缴党费。

◎ 践行以人民为中心的发展理念

2021年，恰逢中国共产党成立100周年、中国考古学诞生100周年、金沙遗址发现20周年，金沙遗址博物馆党总支始终把坚持以人民为中心的发展思想作为共产党人的责任担当，积极寻找文博工作与党建工作的契合点，通过加强博物馆内部管理，丰富公共文化服务形式，提高藏品保护、管理和利用水平，打造金沙宣传品牌，促进博物馆智慧化建设等方式，不断推进博物馆专业化发展，满足国内外公众与博物馆之间进行交流和对话的新需求，推动古蜀金沙文化在国内、国际的传承与传播。如策划组织了"趣问金沙"公益绘画展进校园、庆祝"建党100

庆祝"建党100周年"学习活动

逐梦金沙　扬帆百年——儿童金沙剧献礼党的百年华诞

"我来金沙讲堂课"活动

周年"学习活动、"逐梦金沙 扬帆百年——儿童金沙剧献礼党的百年华诞""我来金沙讲堂课"等社教活动,在建党百年之际为青少年带去寓教于乐、生动有趣的体验活动。

◎ **积极开展党史学习教育活动**

2021年,中共中央决定在全党开展中共党史学习教育,激励全党不忘初心、牢记使命,在新时代不断加强党的建设。金沙遗址博物馆党总支及时传达中央、全省、全市党史学习教育动员大会精神和要求,制定方案,成立领导小组和办公室,印发《关于组织开展庆祝中国共产党成立100周年暨党史学习教育的通知》《党史学习教育专项方案》等8份文件,并于4月9日召开主题教育动员部署会,先后组织专题学习9次,积极开展"亮身份、亮职责、亮承诺、作表率"活动,引导党员自觉履行党员义务,践行全心全意为人民服务的宗旨。

全年共开展讲党课活动7次。严格落实县处级以上党员领导干部、基层党组织书记带头讲党课,班子成员到分管领域讲党课,基层党组织书记到各支部面对党员干部讲党课,此外,还与成都时代出版社党支部联合开展党史学习教育活动。组织党员职工前往郫都区战旗村、大邑建川博物馆开展党史学习教育实践活动。积极参加"放歌新时代"成都市文化广电旅游局系统红歌传唱歌咏活动,展现金沙遗址博物馆蓬勃向上、激情洋溢的形象姿态。同时,把握正确舆论导向,统筹各类宣传资源,系统展示金沙遗址博物馆党员、干部、职工在学史中明理、增信、崇德、力行的昂扬斗志。

7月1日,组织职工集中收看"中国共产党成立100周年庆祝大会",主动上好党史学习这堂必修课,让金沙党支部从中汲取精神力量、赓续红色血脉,团结一心、众志成城,更好地履行

与成都时代出版社党支部联合开展党史学习教育活动

职责使命。8月19日、20日，各支部分别组织召开专题组织生活会，党总支书记、馆长朱章义同志，副馆长姚菲同志、陈文同志分别以普通党员身份参加所在党支部的专题组织生活会，并结合单位发展的目标任务和重点工作，带头进行对照检视剖析，严肃开展批评与自我批评，深入剖析问题原因，提出下一步整改措施。积极开展谈心谈话，实现党总支委员之间、党总支委员和党员之间、党员与党员之间交心谈心，共收取谈心谈话记录表40余份。

"党史学习教育暨社区美空间"主题实践活动

◎ 严格履行管党治党政治责任

立足建党100周年这个重要历史节点，按照本年度全面从严治党、党风廉政建设主体责任的总要求，抓核心要素、关键环节，金沙遗址博物馆制定了《2021年全面从严治党、党风廉政建设和反腐败工作要点》，明确各项工作的责任领导、牵头部室、具体任务，切实做到措施明确、责任明晰。明确由主要负责人带头制定和落实好主体责任清单，履行党风廉政建设第一责任人责任，其他班子成员紧密结合个人岗位职责，制定切合工作实际的个性化责任清单，实现清单管理全覆盖、无死角，一体推进"不敢腐、不能腐、不想腐"。积极开展重要工作岗位廉政风险点梳理，完善风险防控体系，加强对关键时间节点、重要部门、重点工作、重大项目、重大活动的监督问责执纪。全年共召开加强党风廉政建设和反腐败工作相关会议8次。其中，专题学习发生在身边的正反面典型案例3次。单位全年无违法违纪现象。

坚决落实中共中央、四川省委、成都市委及成都市文化广电旅游局关于意识形态工作的部署要求，以宣传思想工作为载体，把贯彻落实习近平总书记系列重要讲话精神作为聚焦责任落实、扛牢政治责任的第一使命和要求。全年组织召开意识形态工作会议2次，落实好现有管理措施，研究制定有针对性的新措施，抓好各类阵地的动态监管，确保各项工作沿着正确的方向前进。

二、团员建设

在金沙遗址博物馆党总支的带领下，团支部引导青年同志通过研读经典文献、座谈交流、宣讲分享等多种形式积极开展学习。组织青年员工结合线上阅读、观看视频、现场宣讲等方式，深入学习了《中国共产党第十九届中央委员会第六次全体会议公报》《中共中央关于党的百年奋斗重大成就和历史经验的决议》等文件精神，并结合博物馆实际工作进行了交流研讨，切实增强了善用历史规律的政治自觉，明确了"两个确立"的决定性意义，并树立将其转化为"两个维护"的坚定信心。

◎ 学习贯彻党的十九届六中全会精神

为深入学习贯彻党的十九届六中全会精神，金沙遗址博物馆团员们就如何将其紧密结合到实际工作的主要问题展开了热烈的交流研讨。有的团员表示，作为新时代青年要坚定理想信念、传承红色基因、把握历史发展大势、紧跟时代步伐、自觉学习贯彻党的十九届六中全会精神；有的团员则表示，青年们应根据自身实际情况，多元化、多角度、多方面进行渗透式精神学习，充分利用好时间提升自我，深刻认识和充分把握党的十九届六中全会精神的重大意义、精神实质和丰富内涵，并坚决贯彻落实到实际学习工作中去，以更高的标准、更大的干劲、更好的作风，立足本职、勤奋学习、刻苦奋斗，以实际行动诠释新时代青年的社会责任与担当。

◎ 参与"庆祝建党100周年红歌会"

6月，金沙遗址博物馆近40名青年同志参与了由成都市文化广电旅游局党史学习教育领导小组办公室举办的"庆祝建党100周

"庆祝建党100周年红歌会"现场

年红歌会"。此次活动弘扬了社会主义核心价值观，引领了广大青年同志树立远大志向、提升人生境界、增强实现中华民族伟大复兴的使命感和责任感。青年同志也纷纷表示，借助该活动进一步了解了中国共产党领导中国人民进行新民主主义革命、社会主义建设和改革开放的光辉历程，完成了一次生动的爱国主义、集体主义和社会主义教育，更坚定了走中国特色社会主义道路的信念。

◎ 开展主题分享会

2021年，金沙遗址博物馆青年团员们开展了形式多样的线上线下主题分享会，内容包含业务知识、工作经验以及趣闻趣事分享等。通过组织青年团员到成都武侯祠博物馆、广汉三星堆博物馆参观学习，增加团员的历史文化知识储备，增强文化自信；鼓励团员在深入解读馆藏文物、展览及其文化内涵的基础上，以线上线下相结合的方式做交流分享，提升团员的业务水平。

主题分享会现场

三、工会建设

2021年，金沙遗址博物馆工会委员会制定、完善了《成都金沙遗址博物馆工会干部联系职工制度》《成都金沙遗址博物馆工会委员会职工帮扶工作制度（试行）》《成都金沙遗址博物馆职工代表大会实施细则（试行）》等制度，为增强工会组织的凝聚力和影响力、扎实有效推进工会日常工作创造了条件。

◎ 完善基层工会组织架构

为更好地服务广大职工，增强团队影响力，根据《中华人民共和国工会法》《中国工会章程》等有关规定，工会委员会经商议研究，决定成立工会小组，并根据博物馆部门的工作性质和职责内容，将现有会员职工划分为专业技术工会小组和行政管理工会小组。

◎ 严格工会经费管理

金沙遗址博物馆工会设立有独立账户，按年度编制工会经费预算，依照标准收取会员会费，做到工会经费专款专用、专账记录、独立管理、独立核算，确保工会经费支出规范合理。

◎ 持续提升干部素养

为进一步强化工会干部的政治意识、创新意识、群众意识、责任意识和服务意识，加快工会干部理论化、知识化、专业化进程，提高工会干部的综合素质，全年积极组织工会干部参加各级工会举办的会议讲座和培训，如《中国共产党百年奋斗历程与历史启示》讲座、"幸福美好生活十大工程"主题宣讲培训等，工会干部的素质和能力得到了进一步提升。

◎ 广泛开展帮扶救助

2021年，馆工会一如既往地在春节、"五一"劳动节、端午节、中秋节、国庆节等国家法定节假日开展送慰问品活动，在夏天开展送清凉活动、冬天开展送温暖活动，为职工带去问候和关心。坚持落实患病职工慰问、女会员生育慰问和会员直系亲属去世慰问等工作制度。定期续购职工互助保障计划相关保险，做好亡故职工遗属生活补助费的办理、复核、发放工作。

◎ 积极组织文体活动

为进一步丰富职工的精神文化生活，增强团队凝聚力和团结性，在馆领导的支持下，馆工会开展了形式多样、内容丰富的文体活动，如摄影比赛、朗诵比赛、自行车比赛、健步走活动等，受到广大职工的好评。

博物馆建设

MUSEUM CONSTRUCTION

综述

  2021年恰逢金沙遗址发现20周年，在上级党组织和各级主管部门的领导下，金沙遗址博物馆按照"十四五"发展规划和年度工作总体部署，经过全体干部职工共同努力、相互协作，在积极开展好防疫工作的同时，较好地完成了各项工作任务，坚持博物馆高质量、高标准的发展与建设目标，不断优化完善博物馆规章制度建设、行政管理、安全保卫、工程和园林建设等相关工作。

一、制度建设

2021年,为进一步打造规范化服务体系,博物馆加强了内部控制体系的建设、实施和完善,及时修订和完善内控制度,从各方面加强日常管理,建立健全服务制度。

文物保护和管理方面,制定了《成都金沙遗址博物馆藏品系统管理办法》;修订了《成都金沙遗址博物馆库房管理制度》《成都金沙遗址博物馆文物库房安全守则》《成都金沙遗址博物馆藏品征集办法》《成都金沙遗址博物馆藏品安全操作规范》《成都金沙遗址博物馆藏品管理控制程序》《成都金沙遗址博物馆藏品档案管理制度》;完善了《成都金沙遗址博物馆展厅及文物库房防汛工作预案》《成都金沙遗址博物馆接受社会捐赠管理办法》等规章制度,确保了藏品管理工作的制度化、规范化、专业化、科学化。人事管理方面,制定《成都金沙遗址博物馆岗位设置管理方案》,进一步提升文博工作者专业技术水平,增强团队凝聚力。安全保卫方面,修订《2021年春节惠民文化活动安全保卫预案》《2021年春节惠民文化活动安全消防预案》等制度,切实加强安全防范工作,保障博物馆公共卫生安全、文物安全和消防安全。

二、行政管理

2021年,严格贯彻落实"三重一大"等议事决策机制,全年共召开馆务会议18次,专题会议47次。

◎ 公务接待

严格按照《党政机关国内公务接待管理规定》和《成都金沙遗址博物馆公务接待管理办法》规范公务接待管理,厉行勤俭节约,反对铺张浪费,圆满完成党和国家领导人的接待任务,完成新西兰驻华大使、巴基斯坦驻成都总领事等重要涉外接待。

◎ 资产管理

严格开展资产管理工作，按照《资产管理暂行办法》（成金馆发〔2020〕19号）文件要求，在管理和使用中坚持统一领导、分级管理、责任到人、物尽其用的原则，对流动资产（含低值易耗品）、固定资产、长期投资和其他实物资产等合理配备，并节约、有效使用，从而提高资产使用效率，保障资产的完整性和安全性。

对照《行政事业性国有资产管理条例》（国务院令第738号）等文件要求，严格执行资产管理的各项制度，按照每年更新的资产管理相关要求，形成定期完善的内部资产管理机制。在2020年度资产管理工作的基础上，加快资产管理信息化建设，完善电子账簿和纸质账目相结合的制度，及时更新"资产信息管理系统"上的资产信息卡片；随时了解和掌控国有资产情况，确保资产管理与预算管理的准确性，确保资产采购与实物管理相分离；严格制定资产标签化管理制度，做好资产动态管理工作，确保资产账实相符；严格落实资产配备、使用年限要求，确保资产使用效益；按年度做好资产审计工作。

同时加强资产采购、管理人员的业务能力培养，通过增加资产管理相关人员的学习培训等途径不断提高其业务能力，增强其资产管理工作责任心；严格执行资产采购人员与管理人员、使用人员相分离的管理制度。

◎ 公文管理

严格开展政务信息管理工作，及时审批、处理、报送各级各类上级机关交办的工作事项、重点工作完成情况及馆发文件；及时做好会议纪要、工作总结、目标总结、信息简报等行政公文起草，公文收发、处理，以及各类文件、工作信息的编校和官方网站信息报送等工作。

◎ 档案管理

认真贯彻落实各类档案管理规范文件要求，严格开展档案管理工作，明确档案管理程序，完善使用登记制度，及时收集、整理全馆2020年和2021年的档案；进一步加强档案管理科学化、规范化建设，委托第三方专业档案整理公司对金沙遗址博物馆2019年的档案进行了归档，提升档案管理的专业性和规范性。

三、平安建设

2021年，金沙遗址博物馆在遵循"预防为主、安全第一、综合治理"安全工作方针的前提下，继续做好全馆的安全保卫工作，通过全面排查治理安全隐患、夯实安全专项整改成效、加强馆藏文物及展陈安全，以及针对性开展各项安全、消防知识培训等多种措施，全方位、多层次压紧压实安全事故责任，提高突发事件的应急处置能力，全年未发生文物被盗和火灾等重大安全责任事故。

◎ 安保消防工作

强化安防管理，筑牢安全根基。5月，通过公开招标，四川戎威保安服务有限责任公司作为中标方顺利完成接替，派驻安保人员122人，负责24小时值守金沙遗址博物馆包括6个大门、陈列馆、遗迹馆、文物库房、文保中心（三、四区）、园区等区域；分时段值守停车场（地上、地下停车场）、陈列馆防疫检查点、安检处、展厅值守点等区域；负责展馆内外巡逻和处置突发事件等工作，严格执行博物馆各项安全管理规定，维护馆内治安秩序稳定；在博物馆安保部门的领导下预防和处置各种事故苗头，做到防患于未然，与辖区派出所、辖区综治办共同做好辖区平安建设工作。

2021年，共安检108万人次，接待观众参观车辆10万台次，协助观众寻人寻物调取录像5次，配合藏品开柜45次，宣传拍摄及展览布撤展50余次。

确保消防安全，提高保卫意识。2021年，对博物馆消防系统包括2套消防报警主机系统、1740个独立式感烟火灾探测器、125套消火栓、1800个喷头及400具各类灭火器等进行了检修、维护和更新。保卫部干事、消防维保公司、工程及设备管理部定期对博物馆的消防安全通道、安全出口标识、电气线路进行安全排查，对消防系统的水系统、灭火器、感烟探测器、感温探测器、消防声光报警器、排烟风机、手动报警设备、喷淋水泵、消火栓水泵、消防水池、水箱进行检查测试，并做好检查记录，确保博物馆消防设施稳定运行，符合消防安全要求。

◎ 专项培训及演练

消防安全培训。为全面贯彻落实中共中央、四川省委、成都市委以及成都市文化广电旅游局关于安全生产的部署要求，积极开展各项安全培训工作，邀请到成都市消防救援支队特勤救援大队三站、成都市卫民消防宣传中心、成都市利民消防宣传中心等单位到馆组织消防培训共5

次。教官结合博物馆的实际情况，用丰富的消防专业知识和部分火灾案例，为博物馆职工详细讲解了《中华人民共和国消防法》的有关规定，普及"扑灭初期火灾的处置方法""如何报警和正确使用灭火器""火灾发生后工作人员和游客的疏散及自救方法"等消防知识。通过消防安全知识培训，馆内职工及安保人员加深了对《中华人民共和国消防法》的理解，提高了对消防安全重要性的认识，增强了处置应对初期火灾、突发事件的能力。

6月6日，金沙遗址博物馆向馆内各部门、物业公司传达了《四川省文化和旅游厅关于印发〈全省文化和旅游行业"安全生产月"活动工作方案〉的通知》（川文旅办发〔2021〕122号），安全分管领导再次强调了安全生产工作的重要性，要求馆内职工认真学习上述文件精神，落实相关工作要求，全面压实责任人，彻查安全隐患并认真整改，确保相关要求落到实处。

安全知识培训

消防培训

实战演练。针对安保消防工作实际，金沙遗址博物馆多次邀请成都市消防救援支队官兵及专业消防知识培训机构专家到馆担任教官，组织全馆各部门职工和保卫人员进行相关实战演练，全年共举行消防实战演练5次、防汛演练2次、反恐处突演练2次。通过实战演练和安全检查，增强了全馆防汛、反恐处突、消防应急实战能力，进一步提高了馆内安全工作宣传力度，加强了各部门职工的安全保卫意识，有效保证了博物馆人员及馆藏文物的安全。

◎ 开展安全保卫专项工作

"2021年春节惠民文化活动"专项安全保卫：活动前期，配合成都市公安局、成都市安监局等单位及部门在春节前对全馆安全设施、设备进行检查；制定了《2021年春节惠民文化活动安全保卫预案》《2021年春节惠民文化活动安全消防预案》等，确保活动期间的安全、消防工作顺利进行；与参加惠民文化活动的商家签订相关治安、消防责任书，强化责任意识，做到了治安、消防责任层层落实。整个活动期间，共出动安全保卫力量1100人次，组织、安排安保人员对展馆、园区等重要点位进行值守和巡逻，协助公安民警解决游客纠纷10余起，帮助寻找走

消防演练

反恐演练

防汛演练

"2021年春节惠民文化活动"专项检查

失人员共20多人次,确保了"2021年春节惠民文化活动"的治安稳定和社会安全,避免了重大事故的发生,圆满完成了"2021春节惠民文化活动"的各项安保工作。

"5·18"国际博物馆日专项检查:国际博物馆日是博物馆界的重要文化宣传日,金沙遗址博物馆当日执行免票政策。为更好地服务群众,金沙遗址博物馆制定了人员高峰疏散预案,采取分批次进入、单向循环、人员分流等措施,确保活动当日人民群众的安全。活动当天共接待游客2.4万余人次,当日出动安保人员130名维持秩序,无安全事故发生。

"5·18"国际博物馆日专项检查

节假日专项检查：元旦、"五一"、端午、中秋等节假日前夕，保卫部、办公室、消防维保公司及物业动力部等相关部门严格按照《中华人民共和国消防法》《文物建筑消防安全管理十项规定》《文物建筑电气防火导则》等规定，对展厅、文物库房、办公区、地下停车场的电

节假日专项检查

器设施、设备及线路进行了消防安全和隐患大排查；对陈列馆消防报警系统和消防器材进行了检查和测试，以确保消防设备运行正常。针对在排查中发现的各种安全隐患，要求立即整改，不能立即整改的要求相关部门在3日内完成整改内容，同时向馆内各部门、下属公司下达了关于加强假期消防安全的通知。

汛期安全专项整治： 为确保馆内文物藏品在汛期的安全，根据各级主管部门的重要指示精神，金沙遗址博物馆成立了防汛应急小组，防汛应急小组办公室设在保卫部，由值班领导任防汛办公室组长，值班长任副组长，防汛值班电话分别设在保卫部、监控中心和物业处。成立危急情况处置应急分队，由防汛办公室负责调遣，应急分队由30名保安队员组成，共3组，设1名队长及2名副队长，全力保障防汛工作顺利进行。

汛期安全检查

信访工作： 在上级主管部门的大力支持和博物馆领导班子的正确领导下，金沙遗址博物馆全力抓好馆内矛盾排查、信访化解等工作，通过定期和不定期研究和摸排不稳定因素，构建了有效的处突机制，全年无一例上访和维稳突发事件。

四、工程建设

金沙遗址博物馆始终坚持高质量、高标准和严要求的发展目标，不断优化工作作风，日常督促造价单位做好项目预、决算管理，同时要求施工单位做好工地形象维护和安全文明施工，督促监理工程师做好安全控制，保证项目施工不出事故、不造成人身伤亡和财产损失。做好工程技术管理工作，严格按照图纸、合同、规范进行验收。落实内外部安全责任，以签订合同、安全责任书等形式，明确建设施工单位的安全责任，加强对施工单位的安全质量宣讲和监督工作，组织人员每天对料具管理、安全防护、施工用电、工程质量等进行全方位安全质量检查。

2021年，投入建设资金超过300万元，共完成大小工程20余项，包括中央空调水、风系统清洗消毒、惠民文化活动夜间照明和活态展示提升、配电设备维修、循环泵和深水井维修、陈列馆一楼北侧卫生间和南、北门接待室改造等工程项目。

1. 日常运维方面

◎ 定制玻璃更换

金沙遗址博物馆外墙玻璃有数量多、单块面积大、异形玻璃需要单独定制等特点。每年金沙遗址博物馆遗迹馆、陈列馆、金沙剧场等建筑外墙玻璃都会出现一定程度的破损现象。全年更换玻璃20余块。

陈列馆顶部玻璃更换

金沙剧场玻璃更换

◎ 空调系统维护保养

金沙遗址博物馆于2007年建成开放，各类空调设备已使用多年，正值故障高发期。本年度，工程及设备管理部组织专人对园区空调系统进行逐个排查检修，圆满完成了空调系统的维修保养工作，有效保障园区空调系统的顺利运行。此外，依据《中华人民共和国传染病防治法》《公共场所卫生管理条例》等法律法规，为保持博物馆室内游览参观场所良好的公共卫生环境，预防控制疾病传播和群体性健康事件发生，保障公众身体健康，工程部利用闭馆时间对中央空调通风系统实施了清洗和消毒。

空调系统日常维修和清洗消毒

◎ 变配电设施设备维修

为有效保障博物馆稳定运行，工程及设备管理部会同物业部门对馆内变配电设施、设备进行了全面检查和维修，对部分损坏配件进行维修、更换，对各个变压器周边地面进行整理、硬化及排水渠保护，共计整改170平方米。此外，更换了LMZ1-400/5互感器、电力电缆头等各类电器配件，多措并举，有力排除了变配电设施设备的安全隐患。

电梯定期维护保养

◎ 特种设备维护保养及年检

对馆内特种设备进行定期保养维护，配合并通过了成都市特种设备检验检测研究院对馆内特种设备的年终检测，有效保证了电梯的安全使用，为游客提供安全便捷的服务。

◎ 安装取水监测系统终端

8月，按照成都市水务局《关于年取水许可50万立方米以上的取用水户接入国家水资源在线监测系统的通知》，金沙遗址博物馆积极响应，于年底接入国家水资源在线监测系统，配合四川省国家水资源监控能力建设项目，对规模以上非农业取水户进行全覆盖监控。

2. 惠民文化活动专项工程

◎ 活态文化展示区改造

金沙遗址博物馆园区主干道西侧活态文化展示区是开展各类文化惠民活动的重要区域，该区域经多年开放运行，暴露出诸多问题：一是鹿舍及其周围路径因长期受梅花鹿的排泄物腐蚀、渗透，难以清除，形成严重异臭味；二是木质围栏无挡水防护栏，不能有效阻隔梅花鹿排泄的尿液外流，且围栏受腐蚀损坏严重，部分已处于断裂状态。针对以上问题，金沙遗址博物馆组建专业团队，采取了多项针对性措施对该区域进行优化改造：完成梅花鹿开放活动场地的地面石材铺设，更换了水磨青石板；对现存漏水情况的梅花鹿饮水槽进行改造，新建3个饮水槽，并增加隐藏式自动喷淋装置，辅助除臭；对鹿舍木质地面、墙面进行更换和维修，增设混凝土泄粪坡及自动冲水清洗装置；改建鹿苑周边排污沟渠，采用防腐能力强的不锈钢材料进行铺设，防止梅花鹿尿液顺沟渠渗透而造成腐蚀，有效阻隔臭味源；将鹿苑围栏更换为防腐木围栏，并设置阻水围挡。

◎ 夜间照明及氛围营造

金沙遗址博物馆积极响应绿色低碳的生产生活方式，主动适应碳达峰、碳中和的战略新要求，对原有耗电量大、发热量大的老式灯具进行改造，将其更换为低功耗LED光源灯具，对老旧电缆进行更换，新增部分节能灯具，合理降低照明能耗，响应节能减排，有效满足惠民文化活动夜间开放的需要，有力保障了惠民文化活动的顺利开展，在展现博物馆优美的夜景照明效果的同时，提升了博物馆对外展示形象。

改造后的鹿苑

改造后的园区夜间照明效果

◎ 增强区域汛期排水能力

原鹿苑区域地下排污管道管径仅为200毫米，排污能力差，尤其遇到夏天大雨天气时，会不同程度地影响周边环境质量。2021年，金沙遗址博物馆对金沙鹿苑至市政管网方向的雨水管和污水管进行了提升改造，选用管径500毫米的钢筋混凝土承插管约300米，砌筑检查井9座，改扩五星级厕所化粪池，有效解决了在强降水状况下该区域积水严重和污水难处理的问题。

◎ 木栈道及平台改造

由于博物馆园区内的木质栈道建成多年，防腐木地板老化损坏较多。为保证惠民文化活动顺利开展，保障游客的安全及维护博物馆形象，需要在保留原有钢架结构和混凝土的基础上，对已损坏的防腐木地板进行更换。2021年，金沙遗址博物馆采购了约50立方米木材及安装配件，定制了材质为樟子松的真空高压浸渍防腐处理的地面防腐木，以及各类规格的相关材料。

3. 持续推进"厕所革命"

金沙遗址博物馆陈列馆一楼北侧及南门接待室卫生间的使用时间已超过15年，整体老化严重，墙地面、水电线路及其它配套设施破损问题严重，异味、浸水等问题也十分突出。东门接待室墙面也因长期受潮、顶部漏水影响，现已严重损坏，无法正常对外开放。以上问题已严重影响博物馆对外服务形象。按照四川省"厕所革命"的相关要求，博物馆于2021年初完成了陈列馆一楼北侧卫生间的升级改造，进一步提升厕所卫生设施品质。改造后的卫生间面目一新、整洁漂亮、干净卫生，厕所服务质量显著提升。2021年下半年，又持续跟进北门游客中心、南

升级改造后的卫生间

升级改造后的卫生间

门游客中心厕所的改造升级，通过更换陈旧设施设备、对地面屋顶重新进行防水处理、加装暖水、配合陈列馆一楼装修风格进行统一改造等措施，使得改造后的卫生间风格统一、舒适、无异味、干净卫生，同时完善了厕所相关服务章程，进一步改善厕所服务质量。

五、绿化建设

为更好改善公共服务品质，提升古蜀金沙文化对外展示形象，积极响应成都建设公园城市的号召，金沙遗址博物馆充分利用金沙古遗址生态环境，对园区内外绿化环境进行了提档升级。

园区内，对东门及西山部分区域生态文化景观进行改造提升，新栽银杏13株、红枫4株、珙桐5株、桫椤3株、桢楠6株；移栽31株。2021年夏季，由于天气异常炎热导致园区冷季型草坪损坏严重，下半年，博物馆针对夏季高温受损的冷季型草坪进行了重新建植，新建草坪面积约1.5万平方米。配合重要节假日宣传，对园区内设置的重点鲜花栽植摆放区域和展馆内植物摆放区域进行花卉植物更换，全年更换花卉植物9次，共计15万余株。为配合博物馆顺利举办"成都

2021年第31届世界大学生夏季运动会火炬发布活动",维护大运会举办地及博物馆良好的对外形象,修复园区内草坪5500平方米。

园区外围方面,博物馆围墙外绿化带紧邻城市主干道,人流量大,绿植损坏较多。针对外围公共绿化带,全年多次补栽麦冬、沿阶草500余平方米。

此外,为配合文明城市建设,金沙遗址博物馆在园区内外采用花境布置手法,美化文明城市标识标牌布置。借助这些绿化植被改造,有效推进了博物馆园林绿化品质提升。

文明城市花境小品

修复后的林下草坪

改造后的西山水景广场

重要节假日的花卉更换

人才管理与培养
TALENT MANAGEMENT AND CULTIVATION

综述

2021年是事业单位改革成效显著的一年，在上级党组织和各级主管部门的领导下，金沙遗址博物馆在机构职能编制、法人治理结构、岗位设置管理等方面均取得一定成效，为完善功能定位、优化布局结构、增强公益属性，构建运行顺畅、协同高效、充满活力的事业单位现代治理体系奠定了坚实基础。

一、人事管理

◎ 机构职能编制

2021年，按照《中共成都市委机构编制委员会办公室关于开展事业单位政事权限清单试点工作的通知》要求，金沙遗址博物馆作为试点单位，全面推进政事权限清单制作。建立事业单位政事权限清单的目的在于合理界定主管部门的举办监督职责、相关职能部门的管理职责和事业单位自主运营管理权，有利于明确主管部门、相关职能部门与事业单位权责边界，推动主管部门把工作重心从"办事业"向"管行业"转变，明晰组织、财政、人社等部门的管理内容及权限，进一步减少部门对事业单位的微观管理和直接干预，赋予事业单位更大自主权，从而激发事业单位的发展空间和活力。

根据成都市文化广电旅游局下发的《成都金沙遗址博物馆机构职能编制规定》（成机编办〔2021〕348号），编制《成都金沙遗址博物馆政事权限清单》。金沙遗址博物馆将立足职能定位，优化职能配置，严格按照清单列明的职责权限开展工作，全面凸显公益属性。

◎ 法人治理结构

按照中共成都市委宣传部、成都市文化广电旅游局等部门印发《关于深入推进公共文化机构法人治理结构改革的工作方案》（成文广旅发〔2019〕309号）的通知要求，金沙遗址博物馆上报《关于第一届理事会馆方代表理事推选情况的报告》（成金馆报〔2021〕12号）和《关于第一届理事会拟推荐社会公众代表的请示》（成金馆报〔2021〕15号），并收悉《成都市文化广电旅游局关于成都金沙遗址博物馆第一届理事会组成人员的批复》（成文广旅函〔2021〕73号）。为推进以理事会为主要形式的法人治理结构改革工作，2021年12月16日，成功召开成都金沙遗址博物馆理事会成立大会暨第一届理事会第一次会议。会上确定第一届理事会理事成员，共15人，选举任命朱章义同志为第一届理事会理事长，王方同志为副理事长。全体理事审议并表决通过《成都金沙遗址博物馆理事会章程》，并就博物馆近期重点工作展开积极发言讨论，审议通过《成都金沙遗址博物馆2022年度工作思路》《成都金沙遗址博物馆关于2022年度部门预算编制情况的说明》《成都金沙遗址博物馆2021年度专业技术岗位、管理岗位竞聘工作方案》等。理事会成员对博物馆在过去一年所完成的工作表示极大认可，并对新一年的工作计划展开热烈讨论，指出工作发展的方向和着力点。

博物馆是人类收藏记忆、熔铸文化的殿堂，是重要的公共文化机构。为确保博物馆持续发展，不断提升专业水平和服务社会能力，必须推动体制机制改革。完善法人治理结构，这既是全面深化改革的重要举措，也是激发博物馆创新活力，构建现代博物馆管理体系，实现博物馆决策管理民主化、科学化的重要途径。理事会成立大会暨第一届理事会第一次会议的召开，标志着金沙遗址博物馆在法人治理结构建设上迈出实质性的一步。理事会将继续挖掘社会资源、创新机制建设、盘活发展潜力，更好地履行博物馆公共服务职能，为民众提供更多优质高效的文化产品和多元服务。

◎ 岗位设置管理

根据《成都事业单位岗位设置管理实施意见》（成办发〔2008〕70号）精神，结合中共成都市委机构编制委员会办公室下达的机构编制文件《中共成都市委机构编制委员会办公室关于印发〈成都金沙遗址博物馆机构职能编制规定〉的通知》（成机编办〔2021〕348号）和本单位正在实施的人事制度改革方案，制定了《成都金沙遗址博物馆岗位设置管理方案》。按照《成都市文化广电旅游局关于成都金沙遗址博物馆岗位设置方案的批复》（成文广旅函〔2021〕213号），岗位设置的基本原则是坚持党管干部、党管人才的原则；坚持精简效能、以编定岗、按需设岗、按岗聘用、按岗取酬的原则；坚持人岗相宜、权责明确、对口补岗、能上能下的原则；坚持公开平等、竞争择优、依法办事的原则。岗位设置管理组织机构为成都市文化广电旅游局。金沙遗址博物馆主要职责和任务为贯彻落实中共中央和四川省委关于文物工作的各项方针政策和决策部署，主要职责是负责博物馆发展规划的具体实施工作；承担金沙遗址文物及藏品的研究、保护、修缮、展示工作；开展与国内外文博科研单位的交流与合作；完成成都市文化广电旅游局交办的工作任务。

金沙遗址博物馆编制名额为55名，其中：馆长1名，专职副书记1名，副馆长3名。内设机构12个，名称分别是：办公室（法律事务部）、财务部、人力资源部、遗产研究部、陈列展览部、文物保护部（典藏部）、安全保卫部、工程园林部、宣传交流部、票务部（文创产业部）、公众服务与社会教育部、科技信息部。内设机构领导正职12名，副职12名。

核准设置岗位为55个。管理岗位13个，占岗位总量的23.64%，其中，五级岗位1个，六级岗位4个，七级岗位5个，八级岗位3个。专业技术岗位42个，占岗位总量的76.36%，其中，高级岗位17个（含正高级岗位6个，包括三级岗位2个、四级岗位4个；含副高级岗位11个，包括五级岗位3个、六级岗位4个、七级岗位4个），占专业技术岗位比例40.5%；中级岗位18个（包括八级岗位7个、九级岗位7个、十级岗位4个），占专业技术岗位比例42.8%；初级岗位7个（包括十一级岗位4个、十二级岗位3个），占专业技术岗位比例16.7%。

工资发放

2021年，金沙遗址博物馆坚持以党的十九大精神为指导思想，全面贯彻党的各项方针政策，以服务和促进文博事业的科学发展为目标，以提高和增强文博队伍的综合素质为核心，着力构建符合文博事业发展趋势、导向明确、标准规范、体系完备的绩效考核评价制度，以激励广大职工为全面推进文博事业发展贡献力量。按规定完成了2020年度人员考核工作和2021年度工资正常晋升调整，严格按照绩效工资分配制度，规范收入分配秩序，严肃收入分配纪律，在核定总量范围内做好绩效工资分配工作，充分发挥职工的主动性和创造性。针对人员职务及岗位变动、人员增减情况，及时做好职工岗位工资、薪级工资、绩效工资等各项工资的调整及审批工作。2021年共完成职务变动工资调整及审批11人次，转换工资序列工资调整及审批1人次，薪级工资晋升及审批44人次。

岗位聘用

根据《四川省事业单位工作人员招聘工作试行办法》（川人发〔2006〕9号）和《成都市事业单位公开招聘工作人员办法》（成人社发〔2016〕49号）等政策规定，金沙遗址博物馆顺利完成2021年度公开招聘工作人员事宜。本次公招文物保护岗位1人，法务管理岗位1人，讲解管理岗位1人，行政管理（定向）岗位1人，共计4人，并及时办理新进聘用相关手续。本年度完成9名专业技术人员、3名管理人员的岗位聘任和等级晋升工作。完成王仁湘、郑小萍、李连等3名外聘专家相关聘用手续，建立外聘专家年度绩效评估表。

社会保险

金沙遗址博物馆严格按照《四川省人力资源和社会保障厅关于印发〈四川省机关事业单位工作人员基本养老保险经办规程〉的通知》（川人社〔2006〕94号）要求，根据在职职工上年度缴费工资据实申报缴费基数，变更机关养老保险、职业年金等其他社会保险的缴费金额。为规范社会保险关系，维护职工合法权益，金沙遗址博物馆每月按时为在职职工办理机关养老保险、职业年金、企业职工基本养老保险、工伤保险、失业保险、职工基本医疗保险、职工大病医疗互助保险等社会保险和福利待遇。及时为生育职工、工伤职工办理生育保险、工伤保险津贴申报及申领。及时为职工在成都市医疗保障局申报公务员门诊医疗保险费，每季度按时办理门诊医疗费的申报及报销工作。

考勤管理

加强考勤管理工作，本年度新录入16名职工考勤信息，每月按时导出馆内职工考勤记录，收存职工请假申请表和因公外出登记表等，及时统计职工的出勤、请假、因公外出等情况。

职称申报

做好2021年度职称申报工作，认真核对职称申报人员相关资料的真实性，通过馆内职称考核推荐领导小组初步确认申报名单，公示后无异议再逐级上报。仅文物博物专业方面，本年度初定、评审文物博物职称共计27人。本年度办理文物博物人员资格证书共计25本。

做好疫情防控员工管理

为进一步做好疫情防控工作，根据各级主管部门的相关防疫要求和工作实际情况，金沙遗址博物馆积极建立员工健康监测制度及报告制度，切实完成员工健康数据的收集、汇总、整理、上报等工作。建立完善离蓉审批制度，引导员工关注疫情发展动态，合理安排出行计划，非必要不前往近期出现疫情的重点地区。核酸检测工作常态化，为严格落实成都市新冠肺炎疫情防控指挥部专业疫情防控组的"四早"要求，自8月起，实施全馆全员全覆盖核酸检测工作，对馆内所有人员进行每周抽检，抽检比例不低于全馆工作人员总数的20%，每月抽检比例达到100%。截至12月底，已完成核酸检测2219人次，结果均为阴性。扎实推进新冠疫苗接种工作，全馆新冠疫苗接种率达98%，新冠疫苗加强针接种率达63.74%。

二、业务培训

2021年是文博事业蓬勃发展的一年，为进一步提高人员业务知识水平和工作服务能力，打造一支业务精通、服务优良、办事高效的工作团队，金沙遗址博物馆采取专家培训、线上网课、现场考察、学术研讨等多种形式，组织各部门职工积极参加各类专业技能培训，进一步夯实理论基础，加大业务交流学习，开拓视野、丰富阅历，不断提高专业技术水平及业务素质。培训课程涵盖考古技术与博物馆管理、文博法律法规、科技与信息、展览组织策划、人事管理、党务、工会、养老保险、安全消防等方面，全年培训共计22批次。

2021年金沙遗址博物馆职工培训统计表

序号	名称	主办单位	地点	参加人员	日期
1	2021年度成都市科普工作总结暨科普能力提升培训活动	成都市科学技术局	四川成都	方思佳	2021年1月12日
2	"七宝玲珑——来自喜马拉雅的艺术珍品"展前培训	成都金沙遗址博物馆	四川成都	全体讲解员	2021年1月19日
3	考古技术与博物馆管理研修班	四川省文物局	四川眉山	陈伟	2021年2月28日至4月5日
4	成都市总工会"幸福美好生活十大工程"宣讲培训暨首场工会主席（班子成员）宣讲会	成都市总工会	四川成都	姚佳、刘俣然、龚佳欣	2021年3月23日
5	四川省博物馆科研能力提升培训班	四川省博物馆学会	四川成都	郑漫丽、田湘萍	2021年4月9日
6	2021成都市文旅大数据工作培训会	成都市文化广电旅游局	四川崇州	唐傲	2021年4月13日至16日
7	成都市教科文卫体工会"幸福美好生活十大工程"主题宣讲	成都市教科文卫体工会	四川成都	姚佳、龚佳欣	2021年4月13日
8	成都市本级机关事业单位养老保险业务经办培训会	成都市社会保险事业管理局	四川成都	敖珣	2021年4月15日
9	博物馆境内外展览组织策划培训班	中国博物馆协会	江苏扬州	任华利	2021年4月25日至30日
10	成都市党外干部菁英培养工程2021年培训班	中共成都市委统战部	四川成都、福建泉州	蔡经纬	2021年5月10日至6月4日
11	国际博协藏品保护委员会第19届大会	国际博物馆协会、中国博物馆协会	线上	刘珂、明文秀、段董念、邱阳乐渝、苗闻文	2021年5月17日至21日
12	第二十五期成都工会创新思维讲坛暨党史学习教育专题培训	成都市总工会	四川成都	杨洲尧、刘俣然	2021年5月25日
13	成都金沙遗址博物馆防汛、消防安全培训会	成都金沙遗址博物馆	四川成都	全体讲解员	2021年6月7日
14	成都市"蓉城先锋红色教育基地"建设协调会	中共成都市委组织部	四川成都	杨洲尧	2021年6月11日
15	全国博物馆志愿者管理人员培训班	中国博物馆协会	陕西西安	郭威	2021年7月12日至16日
16	《铜真》商周时期青铜器专题培训	成都金沙遗址博物馆	四川成都	全体讲解员	2021年7月19日

续表

序号	名称	主办单位	地点	参加人员	日期
17	"回望长安——陕西唐代文物精华展"展前培训	成都金沙遗址博物馆	四川成都	全体讲解员	2021年7月24日
18	四川省传承发展中华优秀传统文化专题研讨班	中共四川省委宣传部	陕西西安	秦晴	2021年7月26日至8月10日
19	文博法律法规线上培训班	中国文物报社	线上	刘珂、明文秀、段董念、邱阳乐渝、苗闻文	2021年9月26日至28日
20	博物馆多媒体设备介绍培训	成都金沙遗址博物馆	四川成都	全体讲解员	2021年10月25日
21	成都市文化广电旅游局2021年度纪检干部专题培训班	成都市文化广电旅游局	四川成都	姚佳	2021年11月1日至5日
22	2021年智慧博物馆（美术馆）高级线上研修班	中央文化和旅游管理干部学院	线上	王瑶	2021年11月16日至22日

2021年度成都市科普工作总结暨科普能力提升培训活动

"七宝玲珑——来自喜马拉雅的艺术珍品"展前培训

考古技术与博物馆管理研修班

成都市总工会"幸福美好生活十大工程"宣讲培训暨首场工会主席（班子成员）宣讲会

四川省博物馆科研能力提升培训班

2021成都市文旅大数据工作培训会

成都市教科文卫体工会"幸福美好生活十大工程"主题宣讲

成都市本级机关事业单位养老保险业务经办培训会

人才管理与培养

中国博物馆协会"博物馆境内外展览组织策划培训班"
2021.04 扬州

博物馆境内外展览组织策划培训班

成都市党外干部菁英培养
工程2021年培训班

国际博协藏品保护委员会
第19届大会

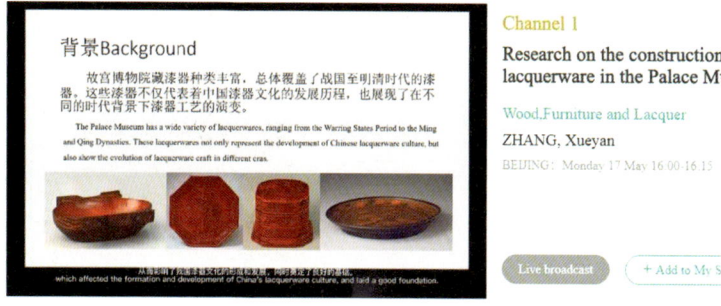

第二十五期成都工会创新思维讲坛暨党史学习教育专题培训

成都金沙遗址博物馆防汛、消防安全培训会

成都市"蓉城先锋红色教育基地"建设协调会

全国博物馆志愿者管理人员培训班

《铜真》商周时期青铜器专题培训

"回望长安——陕西唐代文物精华展"展前培训

四川省传承发展中华优秀传统文化专题研讨班

博物馆多媒体设备介绍培训

成都市文化广电旅游局2021年度纪检干部专题培训班

附 录 | APPENDIX

荣誉金沙

1月9日，"2020年度5·18国际博物馆日系列海报"入选"博物馆头条"新媒体矩阵主办的"2020年中国博物馆海报设计年度十佳作品"。

1月25日，官方微博入选"2020年度全国十大博物馆微博"。

1月29日，官方微信入选"2020年度文博十大创新力官微"。

3月27日，获批首批"川港澳台青少年交流基地——文化体验基地"。

4月21日，"七宝玲珑——来自喜马拉雅的艺术珍品"入选文化和旅游部港澳台办"2021年度内地与港澳文化和旅游交流重点项目"。

5月8日，文创产品"双耳面具杯""呜噜噜手办系列"入选由中国文物报社主办的"全国百佳文化创意产品名单"。

5月18日，"天下大足——大足石刻的发现与传承"特展荣获"2020年度四川省博物馆十大陈列展览精品"；《金沙宝藏》荣获"四川省博物馆十佳文博科普读物"；"5·18国际博物馆日系列海报"荣获"四川省博物馆十佳文博海报"。

6月20日，"金沙经典文物3D动态明信片"荣获由成都市文化广电旅游局、成都市博览局、成都文化旅游发展集团有限责任公司颁发的"2021'成都礼物'旅游商品创意设计大赛银奖"。

7月1日，获批"四川省博士后创新实践基地"。

10月15日，荣获由中国文物学会、中国文物报社颁发的"2021全国文化遗产旅游百强案例"荣誉。

10月18日,金沙遗址荣获由中国考古学会、中国文物报社颁发的"百年百大考古发现"与"考古遗址保护展示优秀项目"两项荣誉。

11月16日,"城市文化传播者——从金沙出发"讲解服务项目荣获由中国文物报社、中国教育电视台颁发的"2021年度全国十佳文博社教案例"。

11月25日,官方微信文章《今日,天有异象!》荣获由四川省文化和旅游厅颁发的"四川文旅宣传好作品评选活动优秀奖"。

12月15日,"小志话天府"志愿服务项目荣获"2021年成都市优秀文化志愿服务项目"。

大事记

1月

1月，联合凯德天府购物商场打造牛年新春主题活动——"年画复活计划"。

1月3日，与重庆大足石刻研究院联合主办的"天下大足——大足石刻的发现与传承"特展在金沙遗址博物馆闭幕。

2月

2月1日，"七宝玲珑——来自喜马拉雅的艺术珍品"在金沙遗址博物馆开幕。

2月1日至28日，举办"重生·绽放——金沙遗址发现20周年纪念展""点亮金沙——彩灯光影艺术展""金沙秘境——生态复原花艺展"以及"手绘灯笼，点亮金沙"非遗展示活动。

2月8日，在馆举办"2021年新年发布会"；联动全国50余家文博机构开展"金沙遗址发现20周年·给金沙送祝福"线上派对。

3月

3月，配合中央广播电视总台、上海文化广播影视集团等各级媒体对三星堆考古重大发现进行直播宣传，达到宣传成都、宣传金沙的目的。

3月3日，"'趣问金沙'绘画展"在成都墨池书院小学开幕。

4月

4月3日，"'趣问金沙'绘画展"在成都墨池书院小学闭幕。

4月25日，"七宝玲珑——来自喜马拉雅的艺术珍品"在金沙遗址博物馆闭幕。

5月

5月18日，"中国博物馆美术馆海报设计三年展（2019-2021）"在金沙遗址博物馆开幕；"诗意金沙——古蜀文化主题诗歌作品展"在新都博物馆开幕。

6月

6月1日，"天地不绝"特展在金沙遗址博物馆开幕。

6月8日，"古蜀之光：三星堆·金沙遗址出土文物大展"在上海市奉贤区博物馆开幕。

6月11日，"长江万里青——长江流域青铜器精品展"盘龙城遗址博物院开幕。

7月

7月，协助中央电视台拍摄制作大型纪录片《大国建造》。

7月1日，组织全体职工集中收看《中国共产党成立100周年庆祝大会》。

7月6日，"天地不绝"特展在金沙遗址博物馆闭幕。

7月10日，"妙笔生花——考古绘图展"在金沙遗址博物馆开幕。

7月15日，"诗意金沙——古蜀文化主题诗歌作品展"在新都博物馆闭幕。

7月30日，"回望长安——陕西唐代文物精华展""盛世名都——唐代的重要城市"在金沙遗址博物馆开幕。

8月

8月2日，"中国博物馆美术馆海报设计三年展（2019-2021）"在金沙遗址博物馆闭幕。

8月31日，"古蜀之光：三星堆·金沙遗址出土文物大展"在上海市奉贤区博物馆闭幕。

8月31日，成都2021年第31届世界大学生夏季运动会火炬发布活动在金沙遗址博物馆开幕。

9月

9月16日，联合成都航空有限公司发起"金沙号"飞机机身涂装设计方案征集大赛。

9月17日，"人与神——神秘的古蜀文明"在浙江省博物馆开幕。

9月28日，"山高水阔　长流天际——长江流域青铜文明特展"在四川博物院开幕。

9月26日至29日，在成都举办"中国考古百年系列活动之纪念金沙遗址发现20周年国际学术会议"。

11月

11月10日，"妙笔生花——考古绘图展"在金沙遗址博物馆闭幕。

11月12日，"长江万里青——长江流域青铜器精品展"在盘龙城遗址博物院闭幕。

11月17日，"艺术金沙"第二届儿童主题绘画展在金沙遗址博物馆开幕。

11月28日，"回望长安——陕西唐代文物精华展""盛世名都——唐代的重要城市"在金沙遗址博物馆闭幕。

12月

12月13日至15日，在绵阳举办"四川省博物馆学会陈列展览专业委员会2021年年会暨'博物馆展览的多元化阐释'研讨会"。

12月15日，"大运金沙——发现金沙20年·许燎源艺术展"在金沙遗址博物馆开幕。

12月30日，"文明的万花筒——叙利亚古代文物精品展"在金沙遗址博物馆开幕。